Les Marchés à Terme de Taux d'Intérêt

Dans la même collection

dirigée par Yves Simon

1. Simon Yves, *Les marchés dérivés – Origine et développement.*
2. Tchemeni Emmanuel, *L'évaluation des entreprises.*
3. Kœnig Gilbert, *Les théories de la firme.*
4. Gogue Jean-Marie, *Le management de la qualité.*
5. Vartanian Jean-Claude, *Le média planning.*

Les Marchés à Terme de Taux d'Intérêt

Yves SIMON

ECONOMICA
49, rue Héricart, 75015 Paris

INTRODUCTION

Les institutions financières sont extrêmement sensibles à toute fluctuation des taux d'intérêt et, par conséquent, à toute variation du prix des actifs financiers qu'elles ont pour vocation de détenir en portefeuille, d'émettre ou de négocier. Ce qui est vrai d'une banque ou d'une compagnie d'assurance l'est également d'une entreprise industrielle ou commerciale, voire d'un particulier ou du Trésor public.

Pour définir correctement le risque de taux d'intérêt, le plus simple est de partir de la relation d'équilibre s'établissant entre le taux d'intérêt et le prix d'un actif financier.

Le prix d'un titre financier à revenu fixe – comme le prix de tout actif, d'ailleurs – est égal à la somme actualisée des *cash-flows* générés par ce titre financier.

Si l'on appelle :

n : l'échéance du titre financier,

R_j : le coupon de l'année j,

F : la valeur de remboursement,

r_j : le taux d'intérêt à court terme pour l'année j,

le prix P_n de ce titre est théoriquement égal à :

$$P_n = \frac{R_1}{(1+r_1)} + \frac{R_2}{(1+r_1)(1+r_2)} + \ldots + \frac{R_0 + F}{(1+r_1)(1+r_2)\ldots(1+r_n)} \qquad [1]$$

De cette relation d'équilibre, on déduit le rendement à l'échéance "r". Il est tel que :

$$P_n = \frac{R_1}{(1+r)} + \frac{R_2}{(1+r)^2} + \ldots + \frac{R_n + F}{(1+r)^n} \qquad [2]$$

Ce rendement à l'échéance r est le taux d'intérêt correspondant à l'année n. Il est présenté dans la littérature financière anglo-saxonne sous le nom de *yield to maturity*. Il correspond au taux de rendement interne de la théorie des choix d'investissement.

Quand le taux r s'élève, le prix de l'obligation P_n diminue. Inversement, quand r baisse, le prix de l'obligation s'élève. Le risque de taux d'intérêt est la conséquence des variations du taux de rendement sur le cours du titre financier à revenu fixe. Il se matérialise par des plus-values ou des moins-values en capital.

L'importance des risques associés aux variations des taux d'intérêt nécessite un mécanisme de protection. Jusqu'en 1975, les trésoriers de banques ou d'entreprises, les gérants de fonds, les émetteurs de titres financiers à revenu fixe ne disposaient d'aucune procédure simple et peu onéreuse pour se protéger contre les fluctuations de taux. Pour remédier à cette lacune, le Chicago Board of Trade et le Chicago Mercantile Exchange, les deux plus grandes bourses de commerce américaines, eurent l'idée d'appliquer aux actifs financiers les techniques des marchés à terme de matières premières. Ils ouvrirent, pour ce faire, plusieurs marchés de contrats portant sur des instruments financiers – en l'occurrence des titres financiers à revenu fixe – et apportèrent ainsi une solution partielle, mais décisive, au problème de la gestion du risque de taux.

En l'absence de marchés à terme, le trésorier, le gérant de fonds, l'émetteur de titres financiers ou le banquier ne sont pas totalement démunis face au risque de taux. La protection la plus simple est alors d'éviter tout engagement à taux fixe. Le développement, à partir du milieu de la décennie 1970, des prêts et des emprunts à taux flottant et l'essor des titres financiers à taux variable sont les manifestations les plus évidentes de la volonté des différents acteurs économiques de se prémunir contre le risque de taux. Il existe d'autres procédures de protection, mais elles sont difficiles à mettre en œuvre, généralement coûteuses, et demandent beaucoup de temps pour être mises au point. Les marchés à terme de titres financiers à revenu fixe apportent à la réalisation des opérations de couverture un certain nombre d'avantages et en réduisent le coût.

Si le premier marché à terme de titres financiers à revenu fixe date d'octobre 1975, la réflexion sur la possibilité d'introduire des contrats de taux d'intérêt est plus ancienne. C'est vers 1930 que fut évoquée pour la première fois, à Chicago, cette possibilité, mais les réflexions ne se concrétisèrent pas et cette possibilité ne fut pas sérieusement étudiée avant 1969. Le marché à terme de taux d'intérêt a été conceptualisé par R. Sandor lorsqu'il était professeur à Berkeley au *Center for Real Estate and Urban Economics* de l'Université de Californie. Sandor mit au point une première version d'un contrat à terme en mai 1972, après avoir passé une année sabbatique, financée par le Chicago Board of Trade (CBOT), à en étudier le principe. Le CBOT demanda, le 28 mai 1975, à la Commodity Futures Trading Commission la possibilité d'établir un marché à terme de taux d'intérêt [1]. L'autorisation lui fut accordée dans les semaines qui suivirent. Le 20 octobre 1975, les premiers contrats sur titres financiers à revenu fixe – il s'agissait de titres hypothécaires garantis par la Government National Mortgage Association [2] – étaient négociés sur le parquet du CBOT.

Trois mois plus tard, le 6 janvier 1975 très précisément, le Chicago Mercantile Exchange ouvrait un deuxième marché portant sur des bons du Trésor à 90 jours.

Le succès initial de ces marchés devait conduire les responsables de ces deux grandes bourses à élargir la gamme des contrats offerts aux opérateurs. Il devait également susciter l'intérêt de certaines bourses de commerce non américaines. Et c'est ainsi que débutait la grande aventure des marchés à terme financiers.

1. La Commodity Futures Trading Commission est l'agence fédérale chargée du contrôle et de la surveillance des bourses de commerce américaines.

2. La Government National Mortgage Association (GNMA) est une agence fédérale américaine.

CHAPITRE I

L'analyse des contrats à terme de titres financiers à revenu fixe

L'introduction des premiers contrats sur titres financiers à revenu fixe représente une étape essentielle dans l'histoire des marchés dérivés et fut à l'origine d'une véritable révolution qui a touché tous les marchés financiers nationaux et internationaux.

Les principes généraux des marchés à terme de titres financiers à revenu fixe sont strictement identiques à ceux qui président au fonctionnement des marchés à terme de matières premières. Les contrats standardisés négociés sur ces marchés sont des engagements prévoyant de livrer (pour le vendeur de contrats) ou de recevoir (pour l'acheteur de contrats), à une date bien spécifiée, des titres financiers présentant des caractéristiques rigoureusement spécifiées par le contrat lui-même, à un prix déterminé le jour où le contrat a été négocié.

Comme pour les matières premières, la très grande majorité des contrats ne donne pas lieu à une livraison effective des titres sous-jacents au contrat. Ces engagements sont en fait compensés avant l'échéance par une transaction inverse à celle initialement entreprise. Par rapport aux marchés à terme de matières premières, la spécificité de ceux qui retiennent ici notre attention tient uniquement à la nature des actifs sous-jacents aux contrats.

1. Les contrats de taux d'intérêt à long terme

Le premier marché de taux d'intérêt à long terme portait sur des titres hypothécaires américains garantis par la Government National Mortgage Association. Après avoir connu un important développement, ce marché s'est progressivement étiolé et les transactions ont finalement cessé.

En fait, c'est le contrat introduit le 22 août 1977 par le Chicago Board of Trade qui allait devenir le prototype et la référence en matière de marché de taux d'intérêt à long terme. Ce contrat portait sur des obligations du Trésor américain. Le succès de ce marché n'allait jamais se démentir et il devait servir de modèle aux nombreux contrats portant sur des obligations publiques introduits en Grande-Bretagne, en France, au Japon, au Canada, en Australie, en Nouvelle-Zélande, en Allemagne, en Irlande, en Autriche, aux Pays-Bas, en Italie, en Suède, au Brésil, en Norvège, en Espagne, en Suisse et en Belgique.

1.1. Le marché à terme des obligations du Trésor américain

L'habitude est bien ancrée de parler du marché à terme des obligations du Trésor américain. Pour être plus précis, et pour reprendre la terminologie française, il serait préférable de parler d'un marché portant sur un notionnel de titres obligataires ayant un taux facial de 8 %. La valeur nominale du contrat est égale à 100 000 dollars. Les titres du gisement susceptibles d'être livrés doivent avoir une échéance comprise entre 15 et 30 ans. La fluctuation maximale autorisée au cours d'une séance de bourse est de ± 3 000 dollars par rapport au cours d'appel de marge de la veille, ce qui représente une fluctuation des taux d'intérêt de ± 3 %. Lorsque les cours atteignent ces limites, les transactions sont interrompues, mais elles peuvent reprendre si les cours reviennent à l'intérieur de la bande de ± 3 000 dollars. Les transactions portent sur les échéances habituelles du cycle mars, juin, septembre et décembre, avec un horizon maximal de deux ans, ce qui implique que huit échéances sont cotées en permanence. Le déposit imposé par la chambre de compensation aux membres compensateurs est variable selon les époques et la volatilité des taux d'intérêt. Il est de l'ordre de 1 000 à 1 500 dollars, mais peut atteindre des niveaux de 800 et 2 500 dollars.

1.2. Le marché sur l'emprunt notionnel du Trésor français

Introduit le 20 février 1986 sur le Marché à Terme International de France, le contrat sur l'emprunt notionnel, plus généralement dénommé contrat notionnel ou contrat sur obligations du Trésor français, est un engagement prévoyant de livrer ou de recevoir une obligation fictive (d'où

TABLEAU 1

Principales caractéristiques du contrat à terme sur les obligations du Trésor américain

Valeur nominale	Un titre notionnel ayant une valeur nominale de 100 000 dollars, un taux facial de 8 % et une échéance de 30 ans.
Mode de cotation	En pourcentage du pair et au pied du coupon.
Fluctuation minimale des cours	1/32 de 1 % de la valeur nominale du contrat, soit 31,25 dollars par contrat.
Fluctuation maximale quotidienne des cours	± 3 %, soit 3 000 dollars par contrat, par rapport au cours d'appel de marge de la veille. Cette limite peut être portée à ± 4,5 %, soit 4 500 dollars par contrat.
Echéances et mois de livraison	Mars, juin, septembre, décembre.
Dernier jour de négociation	Le septième jour ouvrable précédant le dernier jour ouvrable du mois de livraison.
Dernier jour de livraison	Le dernier jour ouvrable du mois de livraison.
Horaires de négociation	Pour les transactions à la criée : de 7 h 20 à 14 h, heure de Chicago, du lundi au vendredi, pour la séance du jour ; de 17 h à 20 h 30, heure d'hiver de Chicago (de 18 h à 21 h 30 pour l'heure d'été), du dimanche au jeudi, pour la séance du soir ; de 7 h 20 à 12 h pour le dernier jour de négociation d'un contrat arrivant à échéance. Pour les transactions sur Globex : à tout moment en dehors des horaires réservés aux transactions à la criée.
Titres livrables	Obligations du Trésor américain. Si elles sont remboursables par anticipation, elles ne doivent pas l'être avant 15 ans à compter du premier jour ouvrable du mois de livraison. Si elles ne sont pas remboursables, elles doivent avoir une maturité supérieure ou égale à 15 ans à compter du premier jour ouvrable du mois de livraison.

le qualificatif de notionnel) remboursable *in fine*, ayant une échéance de 10 ans, une valeur de 500 000 francs et un taux facial de 10 %. Les titres du gisement susceptibles d'être livrés sont des obligations de première catégorie, ayant une échéance comprise entre 7 et 10 ans, et remboursables *in fine*. Les échéances cotées sont celles du cycle mars, juin, septembre, décembre. L'ouverture d'une échéance se fait le premier jour de bourse suivant le 15 du mois de livraison. Les transactions se font à la criée et en continu entre 9 h et 16 h 30 et sur Globex entre 16 h 30 et 9 heures le lendemain matin. Les transactions cessent le quatrième jour ouvrable précédant le dernier jour de bourse du mois d'échéance. Les titres livrés le sont à l'option du vendeur. Le déposit est normalement égal à 4 % de la valeur nominale du contrat, ce qui représente 20 000 francs, mais la chambre de compensation peut décider, au vu des circonstances et de la volatilité des taux d'intérêt, d'en modifier le montant. Le dépôt de garantie afférant aux opérations de *straddle* est diminué de moitié. Il est donc égal à 10 000 francs. Le déposit s'accroît à 6 % de la valeur du contrat, y compris pour un *straddle*, pendant le mois de livraison.

La fluctuation maximale des cours durant une journée est limitée à ± 2 % par rapport au cours de compensation de la veille. Il faut toutefois noter que cette limite ne s'applique pas pendant le mois de livraison et – bien évidemment – pendant le premier jour de transaction d'une nouvelle échéance. Lorsque la limite de ± 2 % est atteinte, la chambre de compensation suspend la cotation et procède à un appel de marge. Les cours peuvent généralement reprendre après une suspension de trente minutes.

1.3. Les autres marchés sur obligations du Trésor français

Un deuxième contrat dénommé Franc long terme est négocié à Paris depuis le 28 janvier 1993. A l'exception de l'échéance, les caractéristiques de cet emprunt sont très proches de celles du contrat notionnel à 10 ans (tableau 3). L'introduction de ce contrat était justifiée par l'importance de la dette publique ayant une échéance supérieure à 15 ans. Son encours s'élevait en effet à 172 milliards de francs au 1er janvier 1993. Un troisième contrat dénommé Franc moyen terme a été introduit le 17 juin 1993. Il a pour actif sous-jacent un titre notionnel

TABLEAU 2

Principales caractéristiques du contrat sur l'emprunt notionnel du Trésor français

Valeur nominale	Un titre notionnel remboursable *in fine*, ayant une valeur de 500 000 francs, un taux facial de 10 % et une échéance de 10 ans.
Mode de cotation	En pourcentage du pair et au pied du coupon, avec deux décimales.
Fluctuation minimale des cours	1/50 de 1 % de la valeur nominale du contrat, soit 100 francs par contrat.
Fluctuation maximale quotidienne des cours	± 2 %, soit 10 000 francs par contrat, par rapport au cours d'appel de marge de la veille.
Echéances et mois de livraison	Mars, juin, septembre, décembre.
Dernier jour de négociation	Le quatrième jour ouvrable précédant le dernier jour de bourse du mois d'échéance.
Horaires de transaction	Transactions à la criée : de 9 h à 16 h 30, heure de Paris. Transactions sur Globex : de 16 h 30 à 9 h le lendemain matin.
Titres livrables	Obligations du Trésor français libellées en franc ayant une échéance comprise entre 7 et 10 ans et remboursables *in fine*. La livraison doit se faire par lot de 500 000 francs d'un seul titre.

émis par le Trésor français, libellé en franc, de maturité comprise entre 3 et 5 ans, amorti *in fine* et doté d'un coupon de 6 %.

1.4. Le marché à terme des obligations en écu

Le contrat écu long terme porte sur un titre fictif de première catégorie d'un nominal de 100 000 écu, remboursable *in fine*, ayant une durée de vie de 10 ans et un coupon nominal de 5,5 % payable chaque année. Les cours du contrat écu long terme s'expriment en pourcentage du pair, avec deux décimales. Le pas de variation

TABLEAU 3

Principales caractéristiques du contrat franc long terme du Trésor français

Valeur nominale	Un titre notionnel remboursable *in fine*, ayant une valeur de 500 000 francs, un taux facial de 8 % et une échéance de 15 ans.
Mode de cotation	En pourcentage du pair et au pied du coupon, avec deux décimales.
Fluctuation minimale des cours	1/50 de 1 % de la valeur nominale du contrat, soit 100 francs par contrat.
Echéances et mois de livraison	Mars, juin, septembre, décembre.
Dernier jour de négociation	Le quatrième jour ouvrable précédant le dernier jour de bourse du mois d'échéance.
Horaires de transaction	De 9 h à 16 h 30.
Titres livrables	Obligations du Trésor français libellées en franc, ayant une échéance supérieure à 15 ans et remboursables *in fine*.

(tick) est de 0,02 %. Sa valeur est donc égale à 20 écu. Les transactions s'effectuent sur deux échéances successives du cycle mars, juin, septembre, décembre. La cotation d'une nouvelle échéance se fait le 1er jour de bourse suivant le 15 du mois de livraison. La clôture d'une échéance s'effectue le quatrième jour de bourse précédant le dernier jour de bourse du mois de l'échéance concernée. Le cours de liquidation est déterminé par MATIF S.A. sur la base des derniers cours cotés durant la séance de bourse. Le gisement de titres livrables est composé d'emprunts libellés en écu, amortis *in fine*, à taux nominal fixe, de durée restant à courir comprise entre 6 et 10 ans, émis par des Etats souverains (France, Italie, Royaume-Uni) ou des organismes supranationaux (Banque Européenne d'Investissement).

TABLEAU 4

Principales caractéristiques du contrat sur les obligations en écu

Valeur nominale	Un titre notionnel remboursable *in fine*, ayant une valeur de 100 000 écu, un coupon nominal de 5,5 % et une échéance de 10 ans.
Mode de cotation	En pourcentage du pair et au pied du coupon, avec deux décimales.
Fluctuation minimale des cours	1/50 de 1 % de la valeur nominale du contrat, soit 20 écu par contrat.
Echéances et mois de livraison	Deux échéances successives du cycle mars, juin, septembre, décembre.
Dernier jour de négociation	Le quatrième jour de bourse précédant le dernier jour de bourse du mois d'échéance.
Horaires de transaction	Transaction à la criée : de 9 h à 16 h 30.
Titres livrables	Emprunts libellés en écu, amortis *in fine*, à taux nominal fixe, de durée restant à courir comprise entre 6 et 10 ans, émis par des Etats souverains ou des organismes supranationaux.

1.5. La cotation des contrats de taux d'intérêt à long terme

Tous les contrats de taux d'intérêt à long terme sont cotés en pourcentage du pair et au pied du coupon. Aux Etats-Unis, les cours varient par 1/32 de 1 %. Ainsi, quand on lit dans un journal financier ou quand on annonce sur une table de marché que le cours des contrats sur les obligations du Trésor américain s'établit à 96-12, il faut comprendre $96^{12/32}$ de la valeur nominale du contrat soit :

$$\frac{96^{12/32} \times 100\,000}{100} = 96\ \ 375 \text{ dollars}$$

Bien évidemment, les opérateurs, et tous les observateurs des marchés, se contentent du chiffre 96-12. Lorsque le cours des contrats est égal à 96-31, une variation de 1/32 porte le cours du contrat à 97-00.

Dans le jargon des marchés financiers, la fluctuation minimale des cours de 1/32 de 1 % s'appelle un *tick*. Exprimée par référence à la valeur nominale du contrat, elle est égale à :

$$100\,000 \times \frac{1}{100} \times \frac{1}{32} = 31{,}25 \text{ dollars}$$

Le *tick* est bien évidemment fonction des caractéristiques de chaque marché. Pour le contrat notionnel négocié sur le Marché à Terme International de France, les cours ne varient pas en 1/32 de 1 % comme sur le marché de Chicago, mais en 1/50 de 1 %, ce qui implique que la valeur du *tick* est égale à :

$$500\,000 \times \frac{1}{100} \times \frac{1}{50} = 100 \text{ francs}$$ [1]

Le tableau 5 reproduit les cours de plusieurs contrats sur des notionnels de titres financiers à revenu fixe tels qu'ils sont publiés par différents journaux financiers français et anglo-saxons.

2. Les contrats de taux d'intérêt à court terme

Le premier marché de taux d'intérêt à court terme portait sur des bons du Trésor américain à 3 mois d'échéance. Jusqu'en 1982, ce marché a connu un développement d'une ampleur telle qu'il devint le plus actif de tous les marchés à terme financiers. Il fut aussi le marché à connaître le taux de croissance le plus important jamais enregistré sur une bourse de commerce et servit de modèle à plusieurs marchés sur d'autres places financières. A partir de 1982, à Chicago et sur toutes les autres places financières, les transactions sur ce contrat ont régulièrement régressé. Elles ont même cessé en de nombreux endroits.

Le marché qui sert désormais de référence pour les taux d'intérêt à court terme s'est ouvert le 9 décembre 1981 au Chicago Mercantile Exchange. Il porte sur des dépôts à trois mois en euro-dollar. Le succès de ce marché

1. Avant janvier 1989, le *tick* était égal à 0,05 %, ce qui représentait 250 francs. La réduction de 0,05 % à 0,02 % est une preuve évidente de la liquidité et de la qualité du marché sur le notionnel.

n'allait jamais se démentir et il allait servir de modèle à de nombreux contrats à Londres, à Paris, à Tokyo, à Singapour, en Espagne, en Suisse et sur de nombreuses autres places financières.

2.1. *Le marché à terme des dépôts à trois mois en euro-dollar*

Le marché ayant pour actif sous-jacent le taux d'intérêt sur les dépôts à trois mois en euro-dollar a été ouvert le 9 décembre 1981. La valeur nominale du contrat est égale à un million de dollars. Les cotations se font à la criée de 7 h 30 à 14 h, heure de Chicago. Le dernier jour de cotation est fixé deux jours ouvrables à Londres précédant le troisième mercredi du mois de livraison. Les échéances cotées sont celles du cycle mars, juin, septembre, décembre, avec un horizon de cinq ans, ce qui veut dire que le 25 mai 1993, il était possible de faire une transaction pour l'échéance mars 1998. Le déposit imposé par la chambre de compensation aux membres compensateurs est variable selon les époques et la volatilité des taux d'intérêt. Il est de l'ordre de 1 000 à 2 500 dollars, mais il peut atteindre 800 et 3 000 dollars. A l'échéance du contrat, la chambre de compensation recourt à la procédure du *cash settlement*. Ceci implique qu'il n'y a pas véritablement de livraison, mais paiement d'une somme monétaire égale à la différence entre le cours de liquidation et le cours de compensation de la veille du jour de livraison. Le cours de liquidation est égal au cours au comptant prévalant lors de l'arrêt des transactions sur le marché des euro-dollars de Londres. C'est un taux moyen élaboré par la chambre de compensation du Chicago Mercantile Exchange à partir des informations fournies par un échantillon de banques après l'élimination des cours les plus élevés et les plus bas.

2.2. *Le marché à terme des dépôts à trois mois en franc français*

Plus connu sous le nom de PIBOR *(Paris Interbank Offered Rate)* trois mois, ce contrat a été introduit sur le Marché à Terme International de France le 8 septembre 1988. Il est conceptuellement identique au contrat euro-dollar présenté au sous-paragraphe précédent, et n'en diffère que par quelques caractéristiques spécifiques tenant au contexte institutionnel français (Le contrat de Chicago aurait fort bien pu s'intituler LIBOR trois mois, car le taux

TABLEAU 5

Cotation de contrats à terme sur notionnel de titres financiers à revenu fixe

INTEREST RATES

TREASURY BONDS (CBT)—$100,000; pts. 32nds of 100%

	Open	High	Low	Settle	Chg	Yield Settle	Yield Chg	Open Interest
Mar	115-20	116-01	115-12	116-00	+ 10	6.553	− .025	328,676
June	114-17	114-30	114-10	114-30	+ 11	6.640	− .028	20,762
Sept	113-18	113-31	113-12	113-31	+ 11	6.720	− .029	31,366
Dec	113-03	113-17	112-30	113-17	+ 10	6.757	− .026	23,065
Mr95	....	....	....	112-21	+ 10	6.830	− .027	67

Est vol 370,000; vol Tues 356,565; op int 404,026, +17,264.

TREASURY BONDS (MCE)—$50,000; pts. 32nds of 100%

	Open	High	Low	Settle	Chg	Yield Settle	Yield Chg	Open Interest
Mar	115-15	116-07	115-12	116-05	+ 15	6.540	− .038	9,197

Est vol 4,500; vol Tues 4,813; open int 9,252, −311.

TREASURY NOTES (CBT)—$100,000; pts. 32nds of 100%

	Open	High	Low	Settle	Chg	Yield Settle	Yield Chg	Open Interest
Mar	113-21	113-27	113-16	113-26	+ 3	6.132	− .012	242,954
June	112-23	112-31	112-23	112-31	+ 3	6.237	− .012	17,280
Sept	112-01	112-05	112-00	112-05	+ 3	6.340	− .012	973

Est vol 70,007; vol Tues 67,542; open int 261,280, −3,347.

5 YR TREAS NOTES (CBT)—$100,000; pts. 32nds of 100%

	Open	High	Low	Settle	Chg	Yield Settle	Yield Chg	Open Interest
Mar	111-24	11-275	11-205	111-26	+ 1.5	5.281	− .010	185,414
June	111-00	111-05	111-00	11-045	+ 2.0	5.426	− .014	9,533
Sept	110-07	110-09	110-05	110-09	....	5.613	....	265

Est vol 32,700; vol Tues 29,866; open int 195,212, −4,380.

2 YR TREAS NOTES (CBT)—$200,000, pts. 32nds of 100%

	Open	High	Low	Settle	Chg	Yield Settle	Yield Chg	Open Interest
Mar	106-14	06-155	06-135	06-145	− ½	4.586	+ .008	26,945

Est vol 1,500; vol Tues 906; open int 26,955, +146.

MUNI BOND INDEX (CBT)-$1,000; times Bond Buyer MBI

	Open	High	Low	Settle	Chg	High	Low	Open Interest
Mar	103-13	103-26	103-11	103-20	+ 3	105-22	99-22	26,601
June	102-20	103-00	102-20	102-28	+ 5	103-17	100-02	198

Est vol 3,500; vol Tues 4,663; open int 26,799, +209.
The index: Close 103-29; Yield 5.60.

LONG GILT (LIFFE)—£50,000; 32nds of 100%

	Open	High	Low	Settle	Chg	High	Low	Open Interest
Mar	119-15	119-20	118-23	119-02	− 0-13	120-20	111-26	100,831
June	118-25	118-29	118-14	118-14	− 0-13	119-20	117-11	674

Est vol 125,494; vol Tues 51,005; open int 101,505, −2,118.

GERMAN GOVT. BOND (LIFFE)
250,000 marks; pts of 100%

	Open	High	Low	Settle	Chg	High	Low	Open Interest
Mar	99.78	100.22	99.74	100.14	+ .33	101.48	98.30	167,276
June	99.76	100.11	99.75	100.10	+ .32	101.33	99.82	4,380

Est vol 204,740; vol Tues 180,310; open int 171,656, +3,079.

ITALIAN GOVT. BOND (LIFFE)
ITL 200,000,000; pts of 100%

	Open	High	Low	Settle	Chg	High	Low	Open Interest
Mar	118.62	118.83	118.43	118.56	− .06	119.12	111.05	86,338
June	118.91	118.95	118.81	118.77	− .07	119.30	116.01	3,986

Est vol 37,556; vol Tues 38,591; open int 90,324, −611.

10 YR. CANADIAN GOVT. BONDS (ME)—C$100,000

	Open	High	Low	Settle	Chg	High	Low	Open Interest
Mar	115.85	116.22	115.70	116.50	+ .56	116.55	111.05	22,410

Est vol 7,048; vol Tues 8,461; open int 22,411, +918.

10 YR FRENCH GOVT. BOND (MATIF)
FFr 500,000; 100ths of 100%

	Open	High	Low	Settle	Chg	Globex High	Globex Low	Open Int.
Mar 94	130.38	130.52	130.24	130.38	−0.04	130.46	130.28	133,286
Jun 94	129.90	130.04	129.82	129.94	−0.02	130.10	130.10	13,216
Sep 94	129.00	129.18	129.00	129.12	+0.04	....	....	1,088

Est vol 195,436; open int 147,590

ECU BOND (MATIF)—ECU100,000; 10% Coupon

	Open	High	Low	Settle	Chg	Globex High	Globex Low	Open Int.
Mar 94	121.24	121.34	121.14	121.30	0.00	121.32	121.28	12,898
Jun 94	96.50	96.50	96.50	96.40	0.00	....	....	190

Est vol 2,155; open int 13,088

THE WALL STREET JOURNAL – 27 janvier 1994

Season High	Season Low		Open	High	Low	Close	Chg	Op.Int
5 YR. TREASURY (CBOT) $100,000 prin- pts & 32nds of 100 pct								
113-055	110-12	Mar 94	112-04	112-065	111-305	112-026	— 035	186,860
112-05	109-24	Jun 94	111-14	111-165	111-10	111-135	— 03	11,745
110-195	110-05	Sep 94				110-176	— 035	435
Est. sales N.A. Fri's. sales 39,307								
Fri's open int 199,040 up 3881								
10 YR. TREASURY (CBOT) $100,000 prin- pts & 32nds of 100 pct								
116-09	108-00	Mar 94	114-16	114-19	114-07	114-10	— 07	222,685
115-21	108-19	Jun 94	113-20	113-23	113-14	113-16	— 06	23,508
115-01	110-18	Sep 94	112-25	112-29	112-20	112-21	— 07	1,042
114-21	109-29	Dec 94				112-01	— 07	73
111-07	109-09	Mar 95				111-12	— 07	
Est. sales N.A. Fri's. sales 99,255								
Fri's open int 247,308 off 6507								
US TREASURY BONDS (CBOT) (8 pct-$100,000-pts & 32nds of 100 pct)								
120-31	90-00	Mar 94	117-11	117-26	117-04	117-05	— 09	350,031
119-29	91-06	Jun 94	116-10	116-22	116-01	116-02	— 10	23,013
118-26	90-12	Sep 94	115-07	115-22	115-02	115-02	— 10	34,323
118-08	91-19	Dec 94	114-28	115-08	114-20	114-20	— 10	26,012
116-20	102-08	Mar 95	114-01	114-10	113-24	113-24	— 10	67
115-19	98-15	Jun 95	113-08	113-15	112-30	112-30	— 10	56
112-15	109-00	Sep 95				112-05	— 10	12
113-14	106-25	Dec 95				111-13	— 10	7
Est. sales N.A. Fri's. sales 461,600								
Fri's open int 433,537 up 10416								
MUNICIPAL BONDS (CBOT) $1000x index-pts & 32nds of 100 pct								
105-22	99-22	Mar 94	104-26	105-01	104-18	104-22	— 05	28,257
104-07	100-02	Jun 94	104-00	104-06	103-26	103-28	— 06	199
Est. sales N.A. Fri's. sales 7,788								
Fri's open int 28,456 up 739								

INTERNATIONAL HERALD TRIBUNE – 1er février 1994

Marché à terme international de France (MATIF)

NOTIONNEL 10 %

Echéance	Premier	Plus haut	Plus bas	Dernier	Compens.	Volume
Mars 94 ..	130,50	130,78	130,40	130,76	130,76	165869
Juin 94 ...	130,02	130,32	129,94	130,28	130,30	1002
Sept. 94 ..	129,14	129,14	129,14	129,14	129,42	48

ECU LONG TERME

Echéance	Premier	Plus haut	Plus bas	Dernier	Compens.	Volume
Mars 94 ..	121,20	121,52	121,16	121,52	121,52	4789
Juin 94 ...					96,62	

LES ECHOS – 25 janvier 1994

MATIF — Marché à terme International de France

EMPRUNT NOTIONNEL	Précédent cours au24-1-1993	Dernier cours au27-1-1994	Ouverture au 28-1-1994
Echéance Mars 1994	130,68	130,32	130,24
Echéance Juin 1994	130,22	129,86	129,78
Échéance Septembre 1994	129,34	129,04	128,96
ECU LONG TERME	**Précédent cours au24-1-1993**	**Dernier cours au 27-1-1994**	**Ouverture au 28-1-1994**
Echéance Mars1994	121.44	121,14	

INVESTIR – 31 janvier 1994

TABLEAU 5 *(Suite)*

MARCHES A TERME

NOTIONNEL 10 % (Matif)

FRF 500.000; %	Mars	Juin
+ haut	130.52	130.04
+ bas	130.24	129.82
Dernier	130.38	129.94

Volume : 174192

GILTS (Liffe)

$ 50.000; % 32è	26 Janv.	25 Janv.
Mars	119.03	119.12
Juin	118.14	118.27
Sept	-	-

NOTIONNEL ITALIE (Liffe)

ITL 200 M; %	Mars	Juin
+ haut	118.83	118.95
+ bas	118.43	118.81
Dernier	118.61	118.77

Volume : 37606

BUNDS (Liffe)

DEM 250.000; %	26 Janv.	25 Janv.
Mars	100.21	99.78
Juin	100.17	99.77
Sept	-	-

T-BONDS (CBT)

USD 100.000; % + 32è	26 Janv.	25 Janv.
Mars	116.00	115.22
Juin	114.30	114.19
Sept	113.31	113.20

T-NOTES (CBT) USD

100.000 pts et 32è de 100	26 Janv.	25 Janv.
Mars	113.26	113.23
Juin	112.31	112.28
Sept	112.05	112.02

AGEFI – 27 janvier 1994

MARCHÉS À TERME

(MATIF) NOTIONNEL 10 %

Echéances	Volumes	Dernier prix connu	Plus haut	Plus bas	Cours de compens.
MARS. 94 ...	183.398	130,42	130,88	130,36	130,42
JUIN 94.......	2.884	130,00	130,42	129,94	129,96
SEPT. 94	7	129,40	129,40	129,40	129,08
DÉC.94					

(MATIF) ÉCU LONG TERME

Echéances	Volumes	Dernier prix connu	Plus haut	Plus bas	Cours de compens.
MARS 94	5.216	121,28	121,62	121,28	121,30
JUIN 94.......					
SEPT. 94					
DÉC. 94					

CONTRATS À TERME ÉTRANGERS

CBOT

T. Bonds	25/01/94	24/01/94	T. Bills	25/01/94	24/01/94
Mars 94	115.29	116.13	Mars 94	96.96	96.95
Juin 94........	114.28	115.10	Juin 94........	96.69	96.69
Sept. 94......	113.30	114.11	Sept. 94......	96.39	96.41

LIFFE

Gilts	25/01/94	24/01/94	Bunds	25/01/94	24/01/94
Mars 94	119.11	119.27	Mars 94	99.80	100.20
Juin 94........	118.27	119.05	Juin 94........	99.77	100.10
Sept. 94......			Sept. 94......		

LA TRIBUNE DES FOSSÉES – 26 janvier 1994

WORLD BOND PRICES

BOND FUTURES

France

■ NOTIONAL FRENCH BOND FUTURES (MATIF)

	Open	Sett price	Change	High	Low	Est. vol.	Open int.
Mar	130.52	130.68	+0.16	130.80	130.50	120,272	146,640
Jun	130.10	130.22	+0.16	130.24	130.10	127	12,407
Sep	129.28	129.42	+0.18	129.40	129.28	62	2,422

Germany

■ NOTIONAL GERMAN BUND FUTURES (LIFFE)* DM250,000 100ths of 100%

	Open	Sett price	Change	High	Low	Est. vol	Open int.
Mar	100.35	100.51	+0.14	100.65	100.30	85466	163555
Jun	100.29	100.46	+0.13	100.53	100.29	193	5048

■ NOTIONAL MEDIUM TERM GERMAN GOVT. BOND (BOBL)(LIFFE)* DM250,000 100ths of 100%

	Open	Sett price	Change	High	Low	Est. vol	Open int.
Mar	103.05	103.13	+0.08	103.17	103.03	619	8564

Spain

■ NOTIONAL SPANISH BOND FUTURES (MEFF)

	Open	Sett price	Change	High	Low	Est. vol.	Open int.
Mar	106.77	107.15	+0.38	107.24	106.76	36,593	91,805
Jun	107.00	107.09	+0.94	107.20	107.00	561	8,201

UK

■ NOTIONAL UK GILT FUTURES (LIFFE)* £50,000 32nds of 100%

	Open	Sett price	Change	High	Low	Est. vol	Open int.
Mar	118-25	119-07	+0-13	119-13	118-23	63138	108509
Jun	118-15	118-19	+0-13	118-15	118-15	100	713

Italy

■ NOTIONAL ITALIAN GOVT. BOND (BTP) FUTURES (LIFFE)* Lira 200m 100ths of 100%

	Open	Sett price	Change	High	Low	Est. vol	Open int.
Mar	118.50	118.80	+0.30	119.09	118.47	43486	84951
Jun	119.04	119.03	+0.28	119.18	119.01	414	5581

Ecu

■ ECU BOND FUTURES (MATIF)

	Open	Sett price	Change	High	Low	Est. vol.	Open int.
Mar	121.42	121.50	+0.16	121.60	121.42	1,827	13,657
Jun	96.76	96.60	+0.16	96.76	96.76	1	180

US

■ US TREASURY BOND FUTURES (CBT) $100,000 32nds of 100%

	Open	Latest	Change	High	Low	Est. vol.	Open int.
Mar	117-11	117-10	-0-04	117-17	117-08	433,333	342,104
Jun	116-10	116-06	-0-04	116-13	116-05	6,434	22,404
Sep	115-07	115-08	-0-05	115-08	115-07	7,122	33,340

Japan

■ NOTIONAL LONG TERM JAPANESE GOVT. BOND FUTURES (LIFFE) Y100m 100ths of 100%

	Open	Close	Change	High	Low	Est. vol	Open int.
Mar	113.20			113.50	113.20	2399	0
Jun	112.21			112.37	112.21	105	0

* LIFFE contracts traded on APT. All Open interest figs. are for previous day.

FINANCIAL TIMES – 1er février 1994

TABLEAU 6

Principales caractéristiques du contrat à terme sur les dépôts à trois mois en euro-dollar

Valeur nominale	Un dépôt de 1 000 000 de dollars à 3 mois sur le marché de Londres.
Mode de cotation	Indice étal à 100 moins le taux d'intérêt.
Fluctuation minimale des cours	Un point de base, soit1/100 de 1 %, c'est-à-dire 25 dollars par contrat.
Fluctuation maximale quotidienne des cours	100 points de base, soit 2 500 dollars par contrat.
Echéances et mois de livraison	Mars, juin, septembre, décembre, avec un horizon de cinq ans.
Dernier jour de négociation	Deux jours ouvrables à Londres précédant le troisième mercredi du mois de livraison.
Date de livraison	Dernier jour de négociation.
Horaires de transaction	Transactions à la criée : de 7 h 30 à 14 h, heure de Chicago. Transactions sur Globex : de 14 h à 7 h 30 le lendemain matin.
Titres livrables	*Cash settlement.*

qui sert de sous-jacent au contrat est le *London Interbank Offered Rate*, mais telle ne fut pas l'habitude retenue). Le PIBOR trois mois est un taux officiellement publié à 11 h 30. Il est égal à la moyenne arithmétique des taux à trois mois offerts aux signatures nationales de première catégorie par huit établissements de référence (après élimination des quatre extrêmes).

La valeur nominale du contrat est de 5 millions de francs. Les cotations se font à la criée et en continu entre 8 h 30 et 16 h. Le dernier jour de cotation est le deuxième jour de bourse précédant le onzième jeudi de chaque trimestre civil (compte non tenu du premier jeudi lorsqu'il s'agit du premier jour du trimestre). Les échéances cotées sont celles du cycle mars, juin, septembre, décembre. Une nouvelle échéance est introduite le quatrième jour de bourse précédant le onzième jeudi de chaque trimestre civil (compte non tenu du premier jeudi lorsqu'il s'agit du premier jour du trimestre). Le déposit est normalement égal à 0,30 % de la valeur nominale du contrat, ce qui représente 15 000 francs, mais la chambre de compensation peut décider, pour des raisons d'opportunité qui lui sont propres (accroissement ou réduction de la volatilité des taux d'intérêt) d'en modifier le montant. Le dépôt de garantie afférant aux opérations de *straddle* est réduit de moitié. Il est donc égal à 7 500 francs. Le déposit s'accroît à 22 500 francs (0,45 % de la valeur nominale du contrat) lorsque le mois d'échéance devient le mois de livraison. A l'échéance du contrat, la chambre de compensation utilise la procédure du *cash settlement*. Ceci implique qu'il n'y a pas véritablement livraison de dépôts en francs, mais le paiement de la différence entre le cours de liquidation et le cours de compensation de la veille du jour de livraison. Le cours de liquidation est égal au cours au comptant prévalant lors de l'arrêt des transactions. Il est officiellement publié par l'Association Française des Banques à 15 heures, au plus tard, le jour de l'arrêt des transactions.

2.3. La cotation des contrats de taux d'intérêt à court terme

Par convention, tous les contrats de taux d'intérêt à court terme dans le monde sont cotés sous la forme d'un indice égal à : [100 – Taux d'intérêt].

Ainsi, quand on lit dans un journal financier, ou quand on annonce sur une table de marché, que le contrat eurodollar cote 90-20, ce cours implique que le taux d'intérêt est égal à 9,80 %.

L'histoire veut que cette cotation ait été retenue pour faciliter le travail des *locals* du Chicago Mercantile Exchange. Les négociateurs individuels du parquet de cette bourse, habitués aux prix des matières premières, réalisaient des profits en achetant des contrats lorsque les prix s'élevaient et en vendant des contrats lorsque les prix baissaient. Lors des séances de simulation préalables à l'ouverture du marché des bons du Trésor, destinées à les familiariser avec le fonctionnement de ces nouveaux contrats, les *locals* éprouvaient, dit-on, certaines difficultés à assimiler l'idée que, pour engranger des profits, ils devaient *vendre* des contrats en période de hausse des

TABLEAU 7

Principales caractéristiques du contrat à terme sur le PIBOR trois mois

Valeur nominale	Un dépôt de 5 000 000 de francs à 3 mois sur le marché de Paris.
Mode de cotation	Indice étal à 100 moins le taux d'intérêt.
Fluctuation minimale des cours	Un point de base, soit1/100 de 1 %, c'est-à-dire 125 francs.
Fluctuation maximale quotidienne des cours	± 60 points de base, soit 7 500 francs par contrat.
Echéances et mois de livraison	Mars, juin, septembre, décembre.
Dernier jour de négociation	Deuxième jour de bourse précédant le onzième jeudi de chaque trimestre civil.
Horaires de négociation	Transactions à la criée : de 8 h 30 à 16 h, heure de Paris. Transactions sur Globex : de 16 h à 8 h 30 le lendemain matin.
Titres livrables	*Cash settlement.*

taux d'intérêt (alors qu'ils étaient habitués à l'idée d'*acheter* des contrats en période de hausse des prix) et en acheter en période de baisse des taux d'intérêt (alors qu'ils étaient habitués à l'idée de vendre des contrats en période de baisse des prix). C'est pour éviter toute perturbation et permettre aux *locals* de conserver leurs réflexes habituels que fut élaboré ce qui fut connu pendant longtemps comme étant l'indice IMM (IMM pour International Monetary Exchange, le nom de la division financière du Chicago Mercantile Exchange où sont regroupés les contrats à terme de taux d'intérêt et de devises). L'indice baissant quand les taux s'élèvent (et s'élevant quand les taux d'intérêt baissent), les *locals* pouvaient continuer sur les marchés de taux d'intérêt à vendre des contrats (acheter des contrats) pour faire un profit et conserver ainsi les habitudes acquises depuis longtemps sur les marchés à terme de matières premières.

Dans le cadre des marchés de taux d'intérêt à court terme, le *tick* est égal à 0,01 % de la valeur nominale du contrat, ce qui correspond pour le marché à terme des dépôts à 90 jours en euro-dollar à :

$$1\,000\,000 \times \frac{90}{360} \times \frac{1}{100} \times \frac{1}{100} = 25 \text{ dollars}$$

Pour le contrat négocié sur le Marché à Terme International de France, la valeur du tick est égale à :

$$1\,000\,000 \times \frac{90}{360} \times 100 \frac{1}{100} \times \frac{1}{100} = 125 \text{ francs}$$

Le tableau 8 reproduit les cours de plusieurs contrats de taux d'intérêt à court terme, tels qu'ils sont publiés par différents journaux financiers et anglo-saxons.

3. La procédure de livraison

La procédure de livraison sur un marché à terme de titres financiers à revenu fixe est fondamentalement identique à celle utilisée sur un marché à terme de matière première, mais les modalités sont un peu plus complexes.

Sur un marché de matière première, le vendeur doit livrer une certaine quantité de marchandise remplissant toutes les spécifications du contrat. Dans le cadre du marché à terme de pétrole brut, pour prendre cet exemple, le contrat prévoit une livraison de 1 000 barils de West Texas Intermediate contenant un maximum de 0,4 % de soufre. S'il dispose d'une certaine latitude, le vendeur livre bien évidemment le produit physique qui lui revient le moins cher, tout en respectant l'ensemble des spécifications du contrat. Si, par exemple, le pétrole brut contenant 0,4 % de soufre est moins coûteux que celui qui en contient 0,1 %, il est logique que le vendeur livre la qualité en contenant 0,4 %, même s'il a la possibilité de livrer du pétrole de meilleure qualité ne contenant que 0,1 % de soufre.

TABLEAU 8

Cotation de contrats de taux d'intérêt à court terme

MARCHES A TERME

26 Janvier		
PIBOR 3 MOIS (Matif)		
FRF 5 M; %	Mars	Juin
+ haut	94.09	94.62
+ bas	94.05	94.58
Dernier	94.07	94.62
Volume : 43370		
EURODEM (Liffe)	26 Janv.	
DEM 1 M; %	Mars	Juin
+ haut	94.41	94.87
+ bas	94.36	94.79
Dernier	94.40	94.86
Volume : 105573		

T-BILLS (IMM)		
USD 1 M; %	26 Janv.	25 Janv.
Mars	96.95	96.94
Juin	96.69	96.68
Sept	96.41	96.41
EURODOLLAR (IMM)		
USD 1 M; %	26 Janv.	25 Janv.
Mars	96.65	96.65
Juin	96.35	96.35
Sept	96.04	96.04

AGEFI – 27 janvier 1994

MATIF

Marché à terme International de France

PIBOR 3 MOIS	Précédent cours au24-1-1993	Dernier cours au27-1-1993	Ouverture au 28-1-1994
Echéance Mars1994	94,01	94,06	94,05
Echéance Juin1994	94,53	94,61	94,60
Échéance Septembre1994	94,93	94,97	94,96
Echéance Décembre 1994	95,22	95,24	95,23

INVESTIR – 31 janvier 1994

Marché à terme international de France (MATIF)

PIBOR 3 MOIS

Echéance	Premier	Plus haut	Plus bas	Dernier	Com-pens.	Volume
Mars 94 ..	94,03	94,07	93,99	94,07	94,07	28209
Juin 94 ...	94,52	94,59	94,51	94,59	94,59	10196
Sept. 94 ..	94,90	94,97	94,90	94,96	94,96	6639

LES ECHOS – 25 janvier 1994

Season High	Season Low		Open	High	Low	Close	Chg	Op.Int
Financial								
US T. BILLS (CMER) $1 million- pts of 100 pct.								
96.97	96.11	Mar 94	96.94	96.96	96.92	96.93	—0.02	26,396
96.76	96.15	Jun 94	96.70	96.71	96.67	96.68	—0.04	9,397
96.48	96.06	Sep 94	96.38	96.41	96.38	96.39	—0.05	2,940
96.10	96.03	Dec 94				96.10	—0.03	53

Est. sales 3,849 Fri's. sales 2,279
Fri's open int 38,786 off 247

INTERNATIONAL HERALD TRIBUNE – 1er février 1994

TABLEAU 8 *(Suite)*

INTEREST RATES

30-DAY FEDERAL FUNDS (CBT)-$5 million; pts. of 100%

Jan	96.96	96.96	96.96	96.96	....	3.04	....	1,254
Feb	96.94	96.95	96.94	96.95	....	3.05	....	2,418
Mar	96.89	96.89	96.88	96.89	....	3.11	....	3,337
Apr	96.84	96.85	96.84	96.85	....	3.15	....	1,036
May	96.75	96.76	96.75	96.76	....	3.24	....	438
June	96.66	96.67	96.66	96.67	....	3.33	....	340
July	96.60	96.60	96.60	96.60	....	3.40	....	113
Sept	....	....	....	96.38	....	3.62	....	309

Est vol 517; vol Tues 503; open int 9,248, +2.

TREASURY BILLS (CME)—$1 mil.; pts. of 100%

	Open	High	Low	Settle	Chg	Discount Settle	Chg	Open Interest
Mar	96.94	96.96	96.94	96.95	+ .01	3.05	− .01	25,688
June	96.68	96.69	96.67	96.69	+ .01	3.31	− .01	9,066
Sept	96.40	96.41	96.39	96.41	....	3.59	....	2,955

Est vol 1,762; vol Tues 2,073; open int 37,758, −68.

LIBOR-1 MO. (CME)—$3,000,000; points of 100%

Feb	96.83	96.84	96.83	96.83	− .01	3.27	+ .01	18,666
Mar	96.74	96.76	96.73	96.75	....	3.25	....	9,142
Apr	96.69	96.70	96.68	96.70	....	3.30	....	1,752
May	96.60	96.62	96.60	96.62	....	3.38	....	1,166
June	96.48	96.49	96.48	96.49	....	3.51	....	1,531
Sept	....	....	....	96.18	....	....	....	157

Est vol 3,613; vol Tues 3,215; open int 32,435, +159.

EURODOLLAR (CME)—$1 million; pts of 100%

	Open	High	Low	Settle	Chg	Yield Settle	Chg	Open Interest
Mar	96.64	96.65	96.63	96.65	....	3.35	....	422,093
June	96.34	96.36	96.32	96.35	....	3.65	....	392,083
Sept	96.04	96.05	96.01	96.04	....	3.96	....	277,760
Dec	95.65	95.68	95.63	95.66	....	4.34	....	206,075
Mr95	95.49	95.51	95.47	95.50	....	4.50	....	191,813
June	95.25	95.27	95.23	95.26	....	4.74	....	156,166
Sept	95.05	95.07	95.03	95.06	....	4.94	....	121,517
Dec	94.77	94.80	94.75	94.78	+ .01	5.22	− .01	92,486
Mr96	94.71	94.74	94.70	94.72	....	5.28	....	86,746
June	94.54	94.57	94.52	94.55	....	5.45	....	63,861
Sept	94.40	94.43	94.39	94.41	....	5.59	....	60,628
Dec	94.15	94.18	94.15	94.16	....	5.84	....	47,562
Mr97	94.12	94.15	94.11	94.14	....	5.86	....	46,184
June	93.98	94.01	93.98	94.00	....	6.00	....	37,732
Sept	93.88	93.91	93.87	93.90	....	6.10	....	34,460
Dec	93.67	93.69	93.66	93.68	....	6.32	....	27,076
Mr98	93.68	93.70	93.66	93.69	....	6.31	....	24,163
June	93.57	93.60	93.57	93.59	....	6.41	....	18,642
Sept	93.50	93.54	93.50	93.53	....	6.47	....	10,888
Dec	93.34	93.37	93.34	93.36	....	6.64	....	7,994
Mr99	93.39	93.40	93.37	93.39	− .01	6.61	+ .01	3,910
June	93.31	93.33	93.30	93.32	− .01	6.68	+ .01	4,282
Sept	93.29	93.30	93.27	93.29	− .01	6.71	+ .01	3,432
Dec	93.14	93.15	93.12	93.14	− .01	6.86	+ .01	3,544
Mr00	93.17	93.19	93.16	93.18	− .02	6.82	+ .02	2,784
June	93.12	93.14	93.11	93.13	− .02	6.87	+ .02	2,880
Sept	93.10	93.12	93.09	93.11	− .02	6.89	+ .02	2,735
Dec	92.97	92.99	92.96	92.98	− .02	7.02	+ .02	1,079
Mr01	93.01	93.02	93.01	93.02	− .02	6.98	+ .02	1,467
June	92.96	92.97	92.96	92.97	− .02	7.03	+ .02	737
Sept	92.93	92.94	92.93	92.94	− .02	7.06	+ .02	561

Est vol 222,885; vol Tues 257,487; open int 2,354,960, +1,469.

EURODOLLAR (LIFFE)—$1 million; pts of 100%

	Open	High	Low	Settle	Change	Lifetime High	Lifetime Low	Open Interest
Mar	96.64	96.64	96.63	96.65	+ .01	96.65	92.30	5,322
June	96.34	96.34	96.33	96.35	+ .01	96.40	93.36	3,394
Sept	96.03	96.04	96.02	96.03	− .01	96.20	93.76	965
Dec	95.65	95.65	95.65	95.67	+ .02	95.69	95.36	454
Mr95	....	....	....	95.50	+ .01	95.56	95.25	162
June	....	....	....	95.26	+ .01	95.76	94.68	230

Est vol 675; vol Tues 435; open int 10,579, +86.

STERLING (LIFFE)—£500,000; pts of 100%

Mar	94.67	94.69	94.66	94.66	− .01	95.00	89.97	108,037
June	94.89	94.91	94.86	94.87	− .02	95.21	89.78	116,164
Sept	94.93	94.94	94.90	94.90	− .03	95.25	90.10	57,889
Dec	94.92	94.93	94.89	94.89	− .03	95.23	90.10	70,725
Mr95	94.81	94.82	94.77	94.78	− .03	95.10	90.70	21,198
June	94.65	94.65	94.60	94.60	− .04	94.93	91.73	17,138
Sept	94.47	94.47	94.43	94.42	− .05	94.81	91.65	13,844
Dec	94.30	94.31	94.27	94.27	− .04	94.66	92.24	12,736
Mr96	94.14	94.16	94.12	94.12	− .03	94.61	92.82	9,357
June	94.02	94.02	94.02	94.00	− .03	94.11	93.66	3,810

Est vol 27,315; vol Tues 43,217; open int 430,898, +1,959.

EUROMARK (LIFFE)—DM 1,000,000; pts of 100%

Mar	94.39	94.41	94.36	94.39	+ .01	94.77	91.53	224,784
June	94.82	94.87	94.79	94.85	+ .04	95.20	91.71	178,190
Sept	95.13	95.17	95.10	95.16	+ .03	95.54	91.81	149,049
Dec	95.36	95.39	95.31	95.36	+ .01	95.73	91.83	114,206
Mr95	95.52	95.54	95.50	95.52	+ .02	95.83	92.45	74,450
June	95.59	95.61	95.56	95.60	+ .02	95.91	93.15	57,532
Sept	95.58	95.58	95.54	95.58	+ .01	95.83	93.62	36,617
Dec	95.51	95.51	95.49	95.49	− .01	95.74	93.72	22,532
Mr96	95.41	95.41	95.38	95.39	− .01	95.62	94.47	11,095
June	95.22	95.25	95.22	95.23	− .01	95.45	95.11	6,361

Est vol 105,573; vol Tues 111,958; open int 875,176, +2,265.

EUROSWISS (LIFFE)—SFr 1,000,000; pts of 100%

Mar	96.19	96.22	96.17	96.19	....	96.45	95.49	35,538
June	96.48	96.49	96.45	96.47	....	96.69	95.79	14,181
Sept	96.57	96.61	96.55	96.59	− .01	96.75	96.06	5,723
Dec	96.59	96.62	96.59	96.60	− .01	96.80	96.57	1,895

Est vol 6,446; vol Tues 2,565; open int 57,337, +260.

CANADIAN BANKERS ACCEPTANCE (ME)—C$1,000,000

Mar	96.28	96.34	96.27	96.34	+ .04	96.34	91.55	14,764
June	96.09	96.12	96.07	96.12	+ .03	96.12	91.57	15,195
Sept	95.86	95.92	95.85	95.91	+ .04	95.92	91.27	10,981
Dec	95.65	95.71	95.63	95.71	+ .04	95.71	90.85	8,744
Mr94	95.42	95.51	95.42	95.49	+ .05	95.51	91.71	4,547
June	95.22	95.25	95.22	95.24	+ .04	95.25	91.88	1,841
Sept	94.99	95.02	94.99	95.01	+ .04	95.02	93.32	1,171
Dec	94.77	94.79	94.75	94.79	+ .04	94.79	94.17	214

Est vol 3,871; vol Tues 4,076; open int 57,457, +998.

THREE-MONTH PIBOR FUTURE (MATIF)

Frf 5,000,000; 100ths of 100%

Mar 94	94.07	94.09	94.05	94.07	0.00	94.09	94.06	126,162
Jun 94	94.59	94.62	94.58	94.61	+0.01	94.61	94.59	68,435
Sep 94	94.96	94.99	94.94	94.97	+0.01	94.98	94.95	39,258
Dec 94	95.24	95.28	95.22	95.26	+0.01	95.25	95.24	25,463
Mar 95	95.39	95.42	95.37	95.41	−0.01	95.41	95.40	23,625
Jun 95	95.48	95.52	95.46	95.50	−0.01	95.50	95.49	18,408
Sep 95	95.45	95.51	95.45	95.49	−0.01	95.49	95.49	6,509
Dec 95	95.44	95.44	95.42	95.42	−0.03	....	....	2,475

Est vol 43,370; open int 310,335

THE WALL STREET JOURNAL – 27 janvier 1994

WORLD INTEREST RATES

THREE MONTH PIBOR FUTURES (MATIF) Paris Interbank offered rate

	Open	Sett price	Change	High	Low	Est. vol	Open int.
Mar	94.07	94.09	+0.01	94.11	94.07	18,060	122,128
Jun	94.64	94.68	+0.03	94.68	94.63	15,892	72,878
Sep	95.00	95.02	+0.04	95.02	94.98	8,363	41,074
Dec	95.23	95.25	+0.03	95.25	95.22	3,826	26,621

THREE MONTH EURODOLLAR (LIFFE)* $1m points of 100%

	Open	Sett price	Change	High	Low	Est. vol	Open int.
Mar	96.66	96.64	-0.02	96.67	96.63	448	5926
Jun	96.36	96.33	-0.07	96.38	96.38	80	3738
Sep	96.06	96.03	-0.06	96.06	96.06	7	1321
Dec	95.71	95.66	-0.06	95.71	95.71	10	503

THREE MONTH EURODOLLAR (IMM) $1m points of 100%

	Open	Latest	Change	High	Low	Est. vol	Open int.
Mar	96.66	96.65	-0.01	96.67	96.65	66,064	427,550
Jun	96.36	96.38	-0.01	96.39	96.37	140,553	415,324
Sep	96.09	96.06	-0.01	96.09	96.06	136,736	286,109
Dec	95.70	95.70	-0.02	95.72	95.69	71,150	220,909

US TREASURY BILL FUTURES (IMM) $1m per 100%

Mar	96.94	96.95	-	96.96	96.93	1,245	26,396
Jun	96.70	96.71	-0.01	96.71	96.70	832	9,397
Sep	-	96.43	-	-	96.43	202	2,940

All Open interest figs. are for previous day

THREE MONTH EUROMARK FUTURES (LIFFE)* DM1m points of 100%

	Open	Sett price	Change	High	Low	Est. vol	Open int.
Mar	94.43	94.42	-0.01	94.46	94.41	21778	221556
Jun	94.88	94.89	-0.01	94.94	94.88	24484	176929
Sep	95.21	95.21	+0.01	95.24	95.20	12196	150414
Dec	95.37	95.38	+0.01	95.42	95.37	5821	117382

THREE MONTH EUROLIRA INT.RATE FUTURES (LIFFE) L1000m points of 100%

	Open	Sett price	Change	High	Low	Est. vol	Open int.
Mar	91.79	91.84	+0.05	91.85	91.79	3272	44265
Jun	92.43	92.44	+0.03	92.46	92.40	2259	37068
Sep	92.79	92.84	+0.05	92.84	92.79	565	22596
Dec	93.05	93.09	+0.04	93.09	93.05	391	11762

THREE MONTH EURO SWISS FRANC FUTURES (LIFFE) SFr1m points of 100%

	Open	Sett price	Change	High	Low	Est. vol	Open int.
Mar	96.11	96.11	-0.01	96.14	96.11	2551	30221
Jun	96.41	96.43	-	96.44	96.40	771	15287
Sep	96.56	96.57	-	96.58	96.56	281	6262
Dec		96.57	-0.01			0	2006

THREE MONTH ECU FUTURES (LIFFE) Ecu1m points of 100%

	Open	Sett price	Change	High	Low	Est. vol	Open int.
Mar	93.97	93.97	+0.01	94.00	93.97	898	12768
Jun	94.48	94.52	+0.03	94.54	94.48	426	10551
Sep	94.87	94.88	+0.03	94.90	94.87	129	8482
Dec	95.14	95.16	+0.01	95.18	95.14	60	5824

* LIFFE futures traded on APT

FINANCIAL TIMES – 1er février 1994

Sur un marché à terme de titres financiers à revenu fixe, on procède également à une livraison de physique. Dans le cadre du MATIF, l'actif sous-jacent est une obligation notionnelle. Cette obligation présente les caractéristiques suivantes :

– valeur nominale : 500 000 francs,
– titre de première catégorie,
– échéance : 10 ans,
– remboursement *in fine*.

Lorsqu'un contrat à terme vient à échéance, l'acheteur ne reçoit pas d'obligation notionnelle parce que le vendeur est incapable de lui en livrer. Le notionnel est en effet un titre abstrait qui n'a pas d'existence matérielle. L'acheteur ne peut recevoir que des obligations du gisement.

Le gisement est un ensemble de titres réels, effectivement négociés sur le marché au comptant, présentant des caractéristiques spécifiques très proches de (mais pas identiques à) celles du notionnel. Dans le cadre du MATIF, tous les emprunts émis par l'Etat français, amortis *in fine*, libellés en franc, à taux nominal fixe, ayant un encours supérieur à 5 milliards de francs et une maturité résiduelle comprise entre 7 et 10 ans à compter de la date du règlement livraison de l'échéance considérée sont susceptibles d'être intégrés au gisement de cette échéance. C'est la chambre de compensation qui détermine la liste des titres constitutifs du gisement, susceptibles de pouvoir être livrés. Bien évidemment, quand un titre perd l'une ou l'autre de ses caractéristiques, il quitte le gisement et ne peut plus être utilisé pour une livraison. C'est en particulier le cas lorsque sa durée de vie devient inférieure à 7 ans. De ce fait, le gisement est un ensemble en évolution permanente. C'est ce que traduit le tableau 9 qui reproduit la composition du gisement du contrat notionnel pour les échéances décembre 1993, mars 1994 et juin 1994. Le gisement pour l'échéance décembre 1993 est composé de cinq titres. Le nombre passe à quatre pour l'échéance mars 1994 du fait de l'adjonction de l'OAT 8,25 % 2004 et de la suppression de deux lignes (L'OAT 9,5 % 2001 a été éliminée, car sa maturité était inférieure à 7 ans en mars 1994. L'OAT 7,5 % 2001, bien qu'ayant une maturité supérieure à 7 ans et un encours très largement supérieur à 5 milliards de francs, a été elle aussi éliminée pour des raisons de liquidité. Les titres de cette émission bénéficiaient en effet d'une exonération fiscale des plus-values

TABLEAU 9

Titres du gisement du contrat notionnel pour les échéances décembre 1993, mars 1994 et juin 1994

Titres	Déc. 1993		Mars 1994		Juin 1994	
	Mat.*	Enc.**	Mat.*	Enc.**	Mat.*	Enc.**
OAT						
9,50 % 25.01.2001	7,07	64 290				
7,50 % 25.07.2001	7,57	17 710				
8,50 % 25.11.2002	8,91	81 865	8,66	81 865	8,45	81 865
8,50 % 25.04.2003	9,32	94 119	9,07	94 119	8,86	94 119
6,75 % 25.10.2003	9,82	67 727	9,58	67 727	9,36	67 727
8,25 % 27.02.2004			9,92	41 050	9,70	41 050
5,50 % 25.04.2004					9,86	14 763
Encours total		325 711		284 761		299 524
Maturité moyenne pondérée	8,78		9,20		9,03	

* Maturité, exprimée en nombre d'années, du titre considéré à la date de règlement livraison de l'échéance.
** Encours du titre considéré au 4 novembre 1993, en millions de francs.

Source : MATIF S.A.

et des revenus lorsqu'ils étaient détenus par des organismes à but non lucratif tels que les caisses de retraite ou les compagnies d'assurance à forme mutuelle. Ces institutions tendant par conséquent à les conserver en portefeuille, cette rétention induisait un substantiel affaiblissement des transactions de titres et de ce fait de leur liquidité). Pour l'échéance juin 1994, le gisement comprend de nouveau cinq titres du fait de l'adjonction de l'OAT 5,50 % 2004.

Dans le cadre des marchés américains, les gisements comprennent généralement un nombre de titres plus élevé. Pour l'échéance septembre 1993, ce nombre était égal à 25 pour le contrat sur les obligations du Trésor américain, à 12 pour le contrat sur les notes à 10 ans du Trésor et à 7 pour le contrat sur les notes à 5 ans du Trésor (tableau 10).

Dans la mesure où les titres du gisement n'ont pas les mêmes caractéristiques, il est impossible qu'ils aient le même rendement. Il est par ailleurs impossible que leur

TABLEAU 10

Composition des gisements sur les marchés américains de titres obligataires et de notes du Trésor pour l'échéance septembre 1993

Titres du gisement			En cours
Obligations du Trésor			
1.	6-1/4	15 août 2023	11.00
2.	7-1/8	15 février 2023	9.30
3.	7-1/8	15 février 2023	8.26
4.	7-1/4	15 mai 2016	18.82
5.	7-1/4	15 août 2022	10.01
6.	7-1/2	15 novembre 2016	18.86
7.	7-5/8	15 novembre 2022	10.30
8.	7-7/8	15 février 2021	11.01
9.	8	15 novembre 2021	32.33
10.	8-1/8	15 mai 2021	11.75
11.	8-1/8	15 août 2021	12.01
12.	8-1/8	15 août 2019	20.01
13.	8-1/2	15 février 2020	10.06
14.	8-3/4	15 mai 2017	18.19
15.	8-3/4	15 mai 2020	10.01
16.	8-3/4	15 août 2020	21.01
17.	8-7/8	15 août 2017	14.02
18.	8-7/8	15 février 2019	19.25
19.	9	15 novembre 2018	9.03
20.	9-1/8	15 mai 2018	8.71
21.	9-1/4	15 février 2016	7.27
22.	9-7/8	15 novembre 2015	6.90
23.	10-5/8	15 août 2015	7.15
24.	11-1/4	15 février 2015	12.67
25.	11-3/4	15 novembre 2009-14	
Notes du Trésor à 10 ans			
1.	5-1/2	15 avril 2000	18.80
2.	5-3/4	15 août 2003	11.03
3.	6-1/4	15 février 2003	10.75
4.	6-3/8	15 août 2002	22.34
5.	7-1/2	15 novembre 2001	24.23
6.	7-1/2	15 mai 2002	11.07
7.	7-3/4	15 février 2001	11.01
8.	7-7/8	15 août 2001	12.01
9.	8	15 mai 2001	12.40
10.	8-1/2	15 novembre 2000	11.07
11.	8-3/4	15 août 2000	10.50
12.	8-7/8	15 mai 2000	10.03
Notes du Trésor à 5 ans			
1.	6	31 décembre 1997	11.26
2.	5-5/8	31 janvier 1998	11.50
3.	5-1/8	28 février 1998	11.00
4.	5-1/4	31 juillet 1998	11.02
5.	5-1/8	31 mars 1998	11.01
6.	5-1/8	30 avril 1998	11.02
7.	5-3/8	31 mai 1998	11.03

Unité : Milliard de dollars.
Source : Chicago Board of Trade Clearing Corporation.

rendement corresponde exactement à celui de l'obligation notionnelle, car leurs caractéristiques ne sont pas strictement identiques. Cette situation est vraie à tout instant et en particulier lors de la livraison. Elle induit une triple difficulté :

– les titres livrables ne sont pas identiques entre eux,

– les titres livrables ne remplissent pas parfaitement les spécifications du contrat notionnel,

– les taux de rendement propres à chaque titre livrable diffèrent du taux de rendement de l'obligation notionnelle.

A l'échéance, lors de la livraison, l'acheteur d'un contrat à terme ne connaît pas les titres qui sont livrés par le vendeur. Ce sont des titres du gisement, mais là s'arrêtent ses certitudes. En fait, il reçoit les titres qui sont choisis par le vendeur. L'idéal serait qu'à l'échéance du contrat à terme toutes les obligations du gisement aient un rendement identique à celui de l'obligation notionnelle. Dans une telle situation, il serait indifférent au vendeur de livrer l'une ou l'autre des obligations. Aucune distorsion n'apparaîtrait sur le marché, car tous les titres auraient le même rendement. Tel n'est malheureusement pas le cas. C'est pour tendre malgré tout vers cette situation que la chambre de compensation a mis au point la technique du "facteur de concordance" [1].

Le système du facteur de concordance a pour objectif de corriger les distorsions qui sont susceptibles de se produire du fait des différences existant, d'une part, entre les caractéristiques des différentes obligations constitutives du gisement, d'autre part, entre les caractéristiques de chacune des obligations du gisement et celles du notionnel. Comme l'écrivent J.F. Faye et J.P. Guillou, "l'idée sous-jacente au système du facteur de concordance est d'établir une parité d'échange entre une obligation fictive : l'obligation notionnelle, et une obligation réelle : celle qui va être livrée [2]".

L'idée sous-jacente au facteur de concordance est d'introduire un élément correcteur pour homogénéiser les titres du gisement et les rendre comparables à l'obligation

1. C'est la chambre de compensation du Chicago Board of Trade qui imagina la première cette procédure, lors de l'introduction du contrat à terme sur les obligations du Trésor américain. Elle fut par la suite reprise pour tous les contrats sur les taux d'intérêt à long terme.

2. Faye J.F., Guillou J.P., *Le MATIF, pratique d'un marché à terme*, 2e éd., Paris, Dalloz, 1989.

notionnelle. La méthode retenue consiste à actualiser au taux nominal du notionnel (10 % pour le contrat négocié au MATIF, 8 % pour le contrat négocié au CBOT, etc.) l'ensemble des flux générés par chaque titre du gisement. Le facteur de concordance d'un titre du gisement représente donc la valeur actuelle de ce titre pour un taux d'actualisation de 10 % dans le cadre du contrat notionnel du MATIF, pour un taux d'actualisation de 8 % dans le cadre du contrat sur les obligations du Trésor américain, etc. Les facteurs de concordance sont calculés et publiés par la chambre de compensation pour chaque échéance et pour toutes les obligations du gisement. Le tableau 11 reproduit l'ensemble des facteurs de concordance relatifs aux titres des différents gisements de contrats de taux d'intérêt publiés en septembre 1993 par la chambre de compensation du Chicago Board of Trade pour les échéances allant de septembre 1993 à décembre 1994. En introduisant ce facteur correcteur (un facteur de concordance spécifique pour chaque obligation du gisement), tous les titres du gisement deviennent théoriquement identiques puisqu'ils ont le même rendement malgré la disparité de leurs caractéristiques. Ils sont également comparables à l'obligation notionnelle. Il devrait donc être *théoriquement* indifférent au vendeur de livrer l'un ou l'autre des titres du gisement. Il est par exemple *théoriquement* indifférent pour l'échéance septembre 1993 de livrer 100 000 dollars d'obligations notionnelles (ce qui est impossible, car il n'y a pas, comme nous le savons, d'obligation notionnelle sur le marché au comptant) ou 80 230 dollars (0,8023 × 100 000) de l'obligation 6,25 % 15 août 2023 ou 132 930 dollars (1,3293 × 100 000) de l'obligation 11,25 % 15 février 2015. En fait, tel n'est pas tout à fait le cas. Voyons, pour ce faire, ce qui se produit *en pratique* lors de la livraison.

Le vendeur doit se procurer sur le marché au comptant les titres qu'il va livrer à l'acheteur. (l'hypothèse est faite qu'il ne les détient pas en portefeuille). Pour chaque titre du gisement, il calcule la somme qu'il devra débourser, soit :

$$5\,000 \times C_i + 5\,000\, CC_i \qquad [3]$$

avec :

C_i : le cours au comptant de l'obligation i,

CC_i : les coupons courus.

TABLEAU 11

Facteurs de concordance des titres du gisement pour le contrat sur les obligations du Trésor américain pour les échéances allant de septembre 1993 à décembre 1994*

Titres du gisement		Sept. 93	Déc. 93	Mars 94	Juin 94	Sept. 94	Déc. 94
1. 6-1/4	15 août 2023	0.8023	0.8029	0.8032	0.8037	0.8040	0.8046
2. 7-1/8	15 février 2023	0.9015	0.9019	0.9019	0.9023	0.9024	0.9028
3. 7-1/8	15 février 2023	0.9015	0.9019	0.9019	0.9023	0.9024	0.9028
4. 7-1/4	15 mai 2016	0.9223	0.9224	0.9229	0.9231	0.9236	0.9238
5. 7-1/4	15 août 2022	0.9159	0.9163	0.9163	0.9167	0.9167	0.9171
6. 7-1/2	15 novembre 2016	0.9478	0.9478	0.9482	0.9482	0.9486	0.9487
7. 7-5/8	15 novembre 2022	0.9579	0.9579	0.9581	0.9580	0.9583	0.9583
8. 7-7/8	15 février 2021	0.9860	0.9863	0.9861	0.9863	0.9862	0.9864
9. 8	15 novembre 2021	1.0000	0.9998	1.0000	0.9998	1.0000	0.9998
10. 8-1/8	15 mai 2021	1.0138	1.0136	1.0137	1.0135	1.0137	1.0134
11. 8-1/8	15 août 2021	1.0137	1.0138	1.0136	1.0137	1.0135	1.0137
12. 8-1/8	15 août 2019	1.0134	1.0135	1.0133	1.0134	1.0132	1.0133
13. 8-1/2	15 février 2020	1.0543	1.0544	1.0540	1.0540	1.0537	1.0537
14. 8-3/4	15 mai 2017	1.0789	1.0784	1.0783	1.0778	1.0777	1.0772
15. 8-3/4	15 mai 2020	1.0820	1.0816	1.0816	1.0811	1.0811	1.0806
16. 8-3/4	15 août 2020	1.0820	1.0820	1.0816	1.0816	1.0811	1.0811
17. 8-7/8	15 août 2017	1.0922	1.0921	1.0915	1.0914	1.0908	1.0907
18. 8-7/8	15 février 2019	1.0941	1.0940	1.0935	1.0934	1.0928	1.0927
19. 9	15 novembre 2018	1.1074	1.1068	1.1067	1.1061	1.1060	1.1054
20. 9-1/8	15 mai 2018	1.1200	1.1194	1.1192	1.1186	1.1184	1.1177
21. 9-1/4	15 février 2016	1.1287	1.1284	1.1277	1.1273	1.1265	1.1262
22. 9-7/8	15 novembre 2015	1.1926	1.1916	1.1910	1.1899	1.1892	1.1881
23. 10-5/8	15 août 2015	1.2683	1.2674	1.2659	1.2649	1.2634	1.2624
24. 11-1/4	15 février 2015	1.3293	1.3280	1.3262	1.3249	1.3230	1.3216
25. 11-3/4	15 novembre 2009-14	1.3351	1.3322	1.3298	1.3267	1.3242	–

* Information disponible à la date du 31 août 1993.
Source : Chicago Board of Trade Clearing Corporation.

En contrepartie de la livraison des titres, il sait qu'il recevra de l'acheteur la somme :

$50 \times FC_i \times F + 5\,000\, CC_i$ [4]

avec :

FC_i : le facteur de concordance propre à l'obligation i,
F : le cours de liquidation du contrat à terme,
CC_i : les coupons courus propres à l'obligation i.

Théoriquement, il devrait y avoir égalité entre les expressions [3] et [4].

$50 \times FC_i \times F + 5\,000\, CC_i = 5\,000\, C_i + 5\,000\, CC_i$,

soit, après simplification tenant aux coupons courus :

$50 \times FCi \times F = 5\,000\, C_i$.

Pratiquement, il n'y a jamais égalité. Pour chaque titre i il existe une différence entre ce que le vendeur débourse et ce qu'il reçoit de l'acheteur. Cette différence a trois origines.

• Pour un facteur de concordance donné, et quelle que soit la valeur de FC_i, des fluctuations de l'offre et de la demande peuvent induire des variations plus ou moins aléatoires de F qui, pour des raisons multiples et variées, ne peuvent être parfaitement arbitrées.

• Pour un facteur de concordance donné, et quelle que soit la valeur de FC_i, des fluctuations de l'offre et de la demande peuvent induire des variations plus ou moins aléatoires de C_i qui, là également, pour des raisons multiples et variées, ne peuvent être parfaitement arbitrées.

• Le calcul du facteur de concordance lui-même n'est pas exempt d'une certaine ambiguïté. Il s'agit en fait d'un calcul approximatif qui ne fournit des résultats satisfaisants dans la détermination de la *parité d'échange* entre l'obligation notionnelle et l'obligation i susceptible d'être livrée que pour une valeur de F égale à 100-00. En effet, pour une valeur de F égale à 100-00, le taux actuariel de l'obligation notionnelle est égal à 10 %, ce qui est le taux d'actualisation retenu pour calculer le facteur de concordance. Dès que F s'écarte de 100-00, le taux actuariel de l'obligation notionnelle est différent de 10 %, et par voie de conséquence un biais est introduit qui ne permet plus une parfaite identité, toutes choses égales par ailleurs, entre les relations [3] et [4].

Dans la mesure où il n'y a plus égalité entre les expressions [3] et [4], le vendeur calcule pour chaque titre du gisement la différence entre ce qu'il reçoit de l'acheteur et ce qu'il débourse pour se procurer les titres sur le marché au comptant, soit :

$50 \times FC_i \times F - 5\,000\ C_i$.

Il livre le titre i pour lequel la différence est la plus importante. Ce titre est le "moins cher à livrer" *(cheapest to deliver)*. Les mécanismes concrets de la livraison aboutissent à ce qu'un titre du gisement est toujours, à un instant donné, moins cher à livrer que les autres.

Il est tout à fait évident que les variations de l'offre et de la demande sur chacun des titres négociés sur le marché au comptant ont pour conséquence de changer le titre le moins cher à livrer. Le titre XYZ qui est le moins cher à livrer le 15 septembre peut fort bien ne plus l'être le 16 et le redevenir le 18.

Bien évidemment, les vendeurs ne sont pas obligés de livrer le *cheapest to deliver*. Ils peuvent choisir, pour des raisons de commodité, de livrer d'autres titres qu'ils peuvent détenir en portefeuille et dont les prix de revient sont très proches de celui du moins cher à livrer.

Pour certains contrats à terme, il n'existe pas une date de livraison précisément déterminée. La livraison n'est donc pas restreinte à une journée, mais peut se faire sur plusieurs jours. Dans ce cas – qui est celui des marchés du Chicago Board of Trade – on constate cependant que les livraisons sont concentrées sur le dernier jour et sur une (deux ou trois au grand maximum) ligne obligataire, comme l'indique le tableau 12.

4. L'évolution de la position ouverte

L'étude de la position ouverte sur les marchés de titres financiers à revenu fixe doit être conduite sous deux angles complémentaires.

4.1. L'analyse statique de la position ouverte

A un moment donné du temps, le montant de la position ouverte est très différent d'une échéance à l'autre. Pour la quasi-totalité des marchés à terme de taux d'intérêt, la position ouverte est très concentrée sur les deux premières échéances, voire sur une seule : la plus rapprochée. Le tableau 13 reproduit la ventilation par échéance de la position ouverte sur le marché des obligations du

TABLEAU 12

Montant des livraisons effectives et date de livraison pour les contrats échéance juin 1993

Titres du gisement livrés	**23/6**	**24/6**	**25/6**	**28/6**	**30/6**	**Total**
Obligations du Trésor						
12 15 août 2013	–	–	–	–	50	50
11-1/4 15 février 2015	–	1	3	–	142	146
9-1/4 15 février 2016	100	–	–	–	13 060	13 160
7-1/2 15 novembre 2016	1	–	–	5	1	7
7-1/8 15 février 2023	–	–	–	–	20	20
Total	101	1	3	5	13 273	13 383
Notes du Trésor à 10 ans						
8-1/2 15 février 2000	–	–	–	–	11 754	11 754
8-7/8 15 mars 2000	–	–	–	–	5 001	5 001
Total	–	–	–	–	16 755	16 755
Notes du Trésor à 5 ans						
5-1/2 15 septembre 1997	–	–	–	–	2 015	2 015
5-3/4 15 octobre 1997	–	–	–	–	1 780	1 780
Total	–	–	–	–	3 795	3 795
Notes du Trésor à 2 ans						
3-7/8 15 mars 1995	–	–	–	–	2 019	2 019
Total	–	–	–	–	2 019	2 019

Unité : Nombre de contrats.
Source : Chicago Board of Trade Clearing Corporation.

Trésor américain. Ce tableau est représentatif de la plupart des marchés de taux d'intérêt (tableau 14). Sur certains d'entre eux, cependant, la ventilation de la position ouverte selon les échéances est plus équilibrée. C'est le cas du marché des dépôts à trois mois en euro-dollar du Chicago Mercantile Exchange (tableau 15).

TABLEAU 13

Position ouverte par échéance sur le marché des obligations du Trésor du Chicago Board of Trade à différentes époques

6 juillet 1987		7 octobre 1991	
Septembre 1987	217 066	Décembre 1991	290 978
Décembre 1987	19 825	Mars 1992	15 397
Mars 1988	3 996	Juin 1992	7 418
Juin 1988	4 890	Septembre 1992	1 478
Septembre 1988	4 132	Décembre 1992	2 784
Décembre 1988	1 871	Mars 1993	234
Mars 1989	2 636		
Juin 1989	103		
Septembre 1989	214		
Décembre 1989	322		

TABLEAU 14

Position ouverte par échéance sur différents marchés de contrats à terme de titres financiers à revenu fixe à différentes époques

Contrat notionnel 10 % du MATIF, le 22 octobre 1992		Contrat sur les notes à 10 ans du Trésor du CBOT, le 26 décembre 1990	
Décembre 1992	129 256	Mars 1993	68 077
Mars 1993	4 224	Juin 1993	1 620
Juin 1993	604		
Contrat sur les notes du Trésor à 5 ans du CBOT, le 26 décembre 1990		**Contrat PIBOR à 3 mois du MATIF, le 22 octobre 1992**	
Mars 1993	85 844	Décembre 1992	19 752
Juin 1993	2 013	Mars 1993	7 836
		Juin 1993	2 513

TABLEAU 15

Position ouverte par échéance sur le marché des dépôts à trois mois en euro-dollar du Chicago Mercantile Exchange à différentes époques

6 juillet 1987		7 octobre 1991	
Septembre 1987	119 260	Décembre 1991	273 054
Décembre 1987	51 862	Mars 1992	216 849
Mars 1988	32 717	Juin 1992	125 436
Juin 1988	21 489	Septembre 1992	75 841
Septembre 1988	11 888	Décembre 1992	57 989
Décembre 1988	9 897	Mars 1993	49 721
Mars 1989	10 060	Juin 1993	33 795
Juin 1989	1 717	Septembre 1993	23 032
Septembre 1989	730	Décembre 1993	18 697
Décembre 1989	375	Mars 1994	16 597
Mars 1990	354	Juin 1994	14 042
Juin 1990	391	Septembre 1994	9 345
		Décembre 1994	9 515
		Mars 1995	6 069
		Juin 1995	5 292
		Septembre 1995	3 536

4.2. L'analyse dynamique de la position ouverte

L'évolution dans le temps du montant de la position ouverte pour une échéance donnée d'un contrat à terme de taux d'intérêt est très typée. Elle est schématiquement reproduite au graphique 1. Pour le contrat ayant une durée de vie de 24 mois et une échéance T, le montant de la position ouverte est très faible durant les premiers mois de négociation. Ce montant a tendance à croître à partir de l'opoque T-12. La croissance de la position ouverte devient exponentielle à partir de T-6. La position ouverte atteint son maximum entre 4 et 6 semaines avant l'échéance et chute brutalement pour devenir extrêmement faible et pratiquement égale à zéro au dernier jour de négociation.

Le schéma général qui vient d'être présenté ne prétend pas représenter toute la réalité. Il doit être adapté à chaque instrument financier. Malgré son aspect schématique, il n'en fournit pas moins l'allure générale suivie par le montant de la position ouverte de tout contrat portant sur un instrument financier pendant la période durant laquelle il est négocié.

GRAPHIQUE 1

Evolution dans le temps de montant de la position ouverte d'un contrat à terme

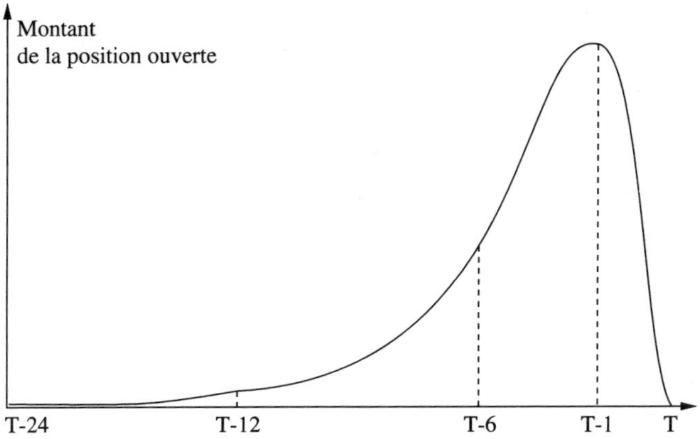

T : échéance du contrat

CHAPITRE II

Les opérations de couverture et la protection contre le risque de taux d'intérêt

Le principe général des opérations de couverture est de prendre sur le marché des contrats de taux d'intérêt une position inverse à celle tenue sur le marché au comptant des actifs financiers. Les opérations de couverture sont efficaces et possibles, car les prix sur le marché au comptant et ceux des contrats connaissent des fluctuations sensiblement parallèles et de même ampleur. Si tel n'était pas le cas, des opérations d'arbitrage *(cash and carry et reverse cash and carry)* seraient immédiatement entreprises et elles auraient pour conséquence de rétablir le parallélisme dans l'évolution des cours sur les deux marchés. Si le principe de la couverture est simple, la mise en œuvre mérite malgré tout quelques explications complémentaires.

Dans les trois premiers paragraphes, nous faisons l'hypothèse simplificatrice que la sensibilité du prix des titres sur le marché au comptant, ceux dont on cherche à protéger la valeur par des transactions adéquates sur le marché des contrats, est *strictement* identique à la sensibilité du prix des contrats à terme. La prise en compte d'une différence de sensibilité est analysée au paragraphe 4 et conduit à introduire la notion extrêmement importante de ratio de couverture. Cette analyse est étendue au paragraphe 5 aux opérations de couverture croisée *(cross hedging)*. Le dernier paragraphe de ce chapitre présente une application spécifique de la couverture contre le risque de taux d'intérêt.

1. Les opérations de couverture et la protection contre la hausse des taux d'intérêt

Les principes de protection contre la hausse des taux d'intérêt sont identiques, quel que soit le cadre institutionnel des marchés à terme. Les différences au niveau des modalités et de la mise en œuvre conduisent cependant à distinguer les contextes français et américain. Nous envisageons par ailleurs le cas des taux d'intérêt à long terme et celui des taux d'intérêt à court terme.

1.1. La protection contre la hausse des taux d'intérêt à long terme dans le contexte français

Un exemple permet de présenter clairement l'utilité des opérations de couverture. Cette méthode d'exposition sera d'ailleurs privilégiée dans les développements à venir.

Le 1er janvier, le taux d'intérêt sur le marché obligataire étant égal à 10 %, une société d'investissement à capital variable (SICAV) se constitue, au prix de 100 millions de francs, une ligne de fonds d'Etat ayant une échéance de 10 ans et un taux nominal de 10 %. L'objectif est de détenir les titres pendant six mois et de les revendre au début du mois de juillet.

Le gérant de la SICAV craint une hausse des taux d'intérêt qui entraînerait, si elle se produisait, une moins-value lors de la vente des titres.

Sur le Marché à Terme International de France (MATIF), le contrat à terme pour l'échéance juin cote 100-00. La signification de ce chiffre est simple : au 1er janvier, le marché anticipe que la valeur du contrat à terme pour l'échéance juin sera égale à 100 % de sa valeur nominale, soit 500 000 francs. En d'autres termes, le marché révèle qu'il anticipe un taux d'intérêt égal à 10 % pour l'échéance juin. Malgré cette information, le gérant de la SICAV décide de se couvrir. Il doit, pour ce faire, prendre sur le marché des contrats une position inverse à celle du marché au comptant. Il vend par conséquent 200 contrats pour l'échéance juin au cours de 100-00. Il est désormais couvert contre une hausse des taux d'intérêt.

Deux hypothèses sont successivement envisagées pour la fin juin : celle d'une hausse des taux d'intérêt, comme le craint le gérant de la SICAV, puis celle d'une baisse des taux.

1.1.1. Hausse des taux d'intérêt

Le 25 juin, quelques jours avant l'échéance, le taux d'intérêt s'établit à 11 % sur le marché obligataire (tableau 16). Le gérant liquide sa ligne de fonds d'Etat au prix de 99 100 000 francs. Cette somme inclut, notons le bien, le montant des coupons courus. Il enregistre donc une importante moins-value en capital. Il compense immédiatement sa position vendeur sur le marché à terme par un achat de 200 contrats pour l'échéance juin au prix de 94-10.

TABLEAU 16

La protection contre la hausse des taux d'intérêt

Opérations sur le marché obligataire	**Opérations sur le marché des contrats**
2 janvier Un gérant de SICAV achète des obligations ayant une échéance de 10 ans et un taux nominal de 10 %. Le rendement est égal à 10 %. Le prix d'achat est de 100 millions de francs. Le gérant craint une hausse des taux d'intérêt.	*2 janvier* Le gérant vend 200 contrats pour l'échéance juin. Les contrats à terme pour l'échéance juin cotent 100-00.
25 juin Le gérant vend les obligations. Le taux d'intérêt sur le marché obligataire est de 11 %. Le prix de vente est de 99 100 000 francs.	*25 juin* Le gérant achète 200 contrats pour l'échéance juin. Les contrats à terme pour l'échéance juin cotent 94-10.
Les transactions sur le marché obligataire font apparaître une perte de 900 000 francs.	Les transactions sur le marché des contrats font apparaître un gain de 5 900 000 francs.
Le résultat net des transactions sur le marché obligataire et le marché des contrats est égal à 5 000 000 francs.	

Les transactions sur le marché des contrats se dénouent par un gain de 5 900 000 francs :

cours de vente le 1er janvier	100-00
cours d'achat le 25 juin	94-10
variation des cours	5,90 %
gain = 5,90 % x 500 000 x 200	5 900 000

Au total, la valeur du portefeuille couvert est égale à :

obligations d'Etat	99 100 000
+ gain sur le MATIF	5 900 000
= portefeuille couvert	105 000 000

ce qui correspond à une rentabilité de 10 % sur un portefeuille de 100 millions pendant une durée de 6 mois.

Malgré la hausse des taux d'intérêt et la moins-value enregistrée sur le marché au comptant lors de la revente des titres, le gérant de la SICAV a pu, grâce à l'opération de couverture sur le marché des contrats, obtenir la rentabilité de 10 % qu'il anticipait au 1er janvier.

La valeur du portefeuille sur le marché au comptant à la fin du mois de juin inclut le montant des coupons courus, ce qui n'est pas le cas des cours à terme, puisque le notionnel est coté au pied de coupon. Ceci explique la chute apparemment faible des cours sur le marché au comptant qu'une lecture trop rapide des prix pourrait faire croire.

1.1.2. Baisse des taux d'intérêt

Si, le 25 juin, les taux d'intérêt ont baissé au lieu de monter, le gérant de la SICAV obtient toujours une rentabilité de 10 % sur son investissement, comme l'indique le tableau 17.

Si les taux d'intérêt sur le marché obligataire sont égaux à 9 %, le gérant liquide ses fonds d'Etat au prix de 111 420 000 francs, coupons courus inclus. Il enregistre une plus-value sur le marché au comptant, mais cette dernière est annulée par la perte qu'il enregistre sur le marché des contrats. Le 25 juin, le contrat pour l'échéance juin cote en effet 106-42.

Les transactions sur le marché des contrats se dénouent par une perte de 6 420 000 francs :

cours de vente le 1er janvier	100-00
cours d'achat le 25 juin	106-42

variation des cours	– 6,42 %
perte : – 6,42 % x 500 000 x 200	6 420 000

Au total, la valeur du portefeuille couvert est égale à :

obligations d'Etat	111 420 000
– pertes sur le MATIF	6 420 000
= portefeuille couvert	105 000 000

ce qui correspond à une rentabilité de 10 % sur un portefeuille de 100 millions pendant une durée de 6 mois.

TABLEAU 17

La protection contre la hausse des taux d'intérêt

Opérations sur le marché obligataire	**Opérations sur le marché des contrats**
2 janvier Un gérant de SICAV achète des obligations ayant une échéance de 10 ans et un taux nominal de 10 %. Le rendement est égal à 10 %. Le prix d'achat est de 100 millions de francs. Le gérant craint une hausse des taux d'intérêt.	*2 janvier* Le gérant vend 200 contrats pour l'échéance juin. Les contrats à terme pour l'échéance juin cotent 100-00.
25 juin Le gérant vend les obligations. Le taux d'intérêt sur le marché obligataire est égal à 9 %. Le prix de vente est de 111 420 000 francs.	*25 juin* Le gérant achète 200 contrats pour l'échéance juin. Les contrats à terme pour l'échéance juin cotent 106-42.
Les transactions sur le marché obligataire font apparaître une gain de 11 420 000 francs.	Les transactions sur le marché des contrats font apparaître une perte de 6 420 000 francs.
Le résultat net des transactions sur le marché obligataire et le marché des contrats est égal à 5 000 000 francs.	

L'opération de couverture prive l'investisseur d'une évolution favorable des taux d'intérêt. En fait, le gérant de la SICAV n'est pas condamné à l'inertie ou à la passivité. Dans la mesure où il opère sur un marché de contrats organisés, il peut compenser sa position dès que la baisse des taux lui semble être une réalité bien établie. Il bénéficie, ce faisant, de toute évolution favorable postérieure à la liquidation de sa position. Le gérant doit être cependant conscient qu'une telle situation le place en position spéculative.

1.2.. La protection contre la hausse des taux d'intérêt à long terme dans le contexte américain

Le 3 janvier, le gérant d'un fonds de pension constate que les 5 millions de dollars d'obligations du Trésor américain, à taux nominal de 10 %, ayant une date de versement de coupon fixée au 3 janvier et une échéance de 20 ans, qu'il s'est procurés il y a 24 mois sont en décote par rapport à leur valeur nominale, car les taux d'intérêt se sont légèrement tendus. Au 31 décembre, les obligations furent en effet enregistrées comptablement au cours de $99^{4/32}$. Le gérant redoute désormais une forte hausse des taux d'intérêt pour les 12 mois à venir. Il décide en conséquence de se couvrir sur le marché à terme des obligations du Trésor américain en vendant 50 contrats pour l'échéance septembre (la valeur nominale de chaque contrat est de 100 000 dollars) à un cours de $97^{6/32}$. Le gérant est désormais protégé contre une évolution défavorable des taux d'intérêt [1]. Neuf mois plus tard, le gérant vend les obligations qu'il détenait en portefeuille. Deux cas de figure peuvent se produire.

1.2.1. Hausse des taux d'intérêt

Les taux d'intérêt s'étant fortement accrus, la vente des titres s'effectue au cours de $86^{2/32}$ non compris les intérêts courus (tableau 18). Le gérant achète immédiatement 50 contrats à un cours de $84^{4/32}$.

---

1. Par rapport à l'exemple développé dans le contexte français, on remarque que les cours à terme diffèrent des cours sur le marché au comptant. Les différences entre les caractéristiques de l'emprunt notionnel et celles de l'emprunt détenu en portefeuille expliquent dans le cas présent un tel écart.

TABLEAU 18

La protection contre la hausse des taux d'intérêt

Opérations sur le marché obligataire	**Opérations sur le marché des contrats**
3 janvier Un gérant de fonds de pension détient des obligations du Trésor américain ayant une échéance de 20 ans et un taux nominal de 10 %. Le cours des obligations est égal à $99^{4/32}$. La valeur nominale des obligations est égale à 5 millions de dollars. Le gérant craint une forte hausse des taux d'intérêt.	*3 janvier* Le gérant vend 50 contrats pour l'échéance septembre. Les contrats à terme pour l'échéance septembre cotent $97^{6/32}$.
20 septembre Le gérant vend les obligations qu'il détient en portefeuillle. Le cours des obligations est de $86^{2/32}$, non compris les intérêts courus. Le montant des coupons courus est égal à 375 000 dollars.	*20 septembre* Le gérant achète 50 contrats pour l'échéance septembre. Les contrats à terme pour l'échéance septembre cotent $84^{4/32}$.
Les transactions sur le marché obligataire font apparaître une perte de 278 125 dollars.	Les transactions sur le marché des contrats font apparaître un gain de 653 125 dollars.
Le résultat net des transactions sur le marché obligataire et le marché des contrats est égal à 375 000 francs.	

Sur le marché au comptant, et par rapport au cours du début de l'année, le gérant enregistre une perte de 278 125 dollars.

– valeur du portefeuille au début du mois de janvier : $99^{4/32}$ % x 5 000 000 = 4 956 250 dollars.

– valeur du portefeuille au début du mois d'octobre :

$$86^{2/32} \times 5\,000\,000 + \left[\frac{270 \times 10}{360 \times 100} \times 5\,000\,000\right] = 4\,678125 \text{ dollars}$$

– variation de valeur du portefeuille :

$$5\,000\,000 \times \left[\frac{-99^{4/32}+86^{2/32}}{100}\right]+\left[\frac{270\times 10}{360\times 100}\times 5\,000\,000\right]$$

$= -278\ 125$ dollars.

Sur le marché des contrats, en revanche, il enregistre un gain de :

$$\left[\frac{97^{6/32}-84^{4/32}}{100}\right]\times 100\,000\times 50 = 653\ 125 \text{ dollars.}$$

Le résultat net des transactions sur le marché au comptant et le marché des contrats fait ressortir un gain de :
653 125 – 278 125 = 375 000 dollars.

Ce gain correspond au rendement sur 9 mois d'un portefeuille de 5 000 000 de dollars de titres obligataires ayant un taux nominal de 10 %.

En résumé, la hausse des taux d'intérêt n'a pas eu de conséquence, vu l'opération de couverture, sur la rentabilité du placement effectué par le gérant du fonds de pension.

Comme pour l'exemple développé dans le contexte français, la valeur du portefeuille sur le marché au comptant au début du mois d'octobre (4 678 125 dollars) inclut le montant des coupons courus (375 000 dollars), ce qui n'est pas le cas des cours à terme puisque le notionnel est coté au pied de coupon.

1.2.2. Baisse des taux d'intérêt

Si, lors de la vente des obligations, au début du mois d'octobre, les taux d'intérêt ont fortement baissé, le fonds de pension dégage toujours une rentabilité de 10 %.

Supposons en effet que le gérant vend ses obligations au cours de $116^{24/32}$ (coupons courus inclus). Il enregistre une importante plus-value, mais cette dernière est en partie compensée par la perte enregistrée sur le marché des contrats. Ces derniers se négocient, en effet, au cours de $107^{10/32}$ (tableau 19).

Sur le marché obligataire et par rapport au cours du début de l'année, le gérant enregistre un gain de 881 250 dollars :

– valeur du portefeuille au début du mois de janvier :
$99^{4/32}$ % x 5 000 000 = 4 956 250 dollars.

TABLEAU 19

La protection contre la hausse des taux d'intérêt

Opérations sur le marché obligataire	**Opérations sur le marché des contrats**
3 janvier Un gérant de fonds de pension détient des obligations du Trésor américain ayant une échéance de 20 ans et un taux nominal de 10 %. Le cours des obligations est égal à $99^{4/32}$. La valeur nominale des obligations est égale à 5 millions de dollars. Le gérant craint une forte hausse des taux d'intérêt. *20 septembre* Le gérant vend les obligations qu'il détient en portefeuillle. Le cours des obligations est égal à $116^{24/32}$, coupons courus inclus	*3 janvier* Le gérant vend 50 contrats pour l'échéance septembre. Les contrats à terme pour l'échéance septembre cotent $97^{6/32}$. *20 septembre* Le gérant achète 50 contrats pour l'échéance septembre. Les contrats à terme pour l'échéance septembre cotent $107^{10/32}$.
Les transactions sur le marché obligataire font apparaître un gain de 881 250 dollars.	Les transactions sur le marché des contrats font apparaître une perte de 506 250 dollars.
Le résultat net des transactions sur le marché obligataire et le marché des contrats est égal à 375 000 francs.	

– valeur du portefeuille au début du mois d'octobre : $116^{24/32}\ \% \times 5\,000\,000 = 5\,837\,500$ dollars.

– variation de la valeur du portefeuille :

$$\frac{-99^{4/32}+116^{24/32}}{100}\times 5\,000\,000 = 881\,250 \text{ dollars.}$$

Sur le marché des contrats, par contre, il enregistre une perte de :

$$\frac{97^{6/32}-107^{10/32}}{100}\times 100\,000 \times 50 = 506\,250 \text{ dollars.}$$

Le résultat net des transactions sur le marché au comptant et le marché des contrats fait ressortir un gain de :

881 250 – 506 250 = 375 000 dollars,

correspondant au rendement pendant 9 mois d'un portefeuille de 5 000 000 de dollars de titres obligataires ayant un taux nominal de 10 %.

1.3. La protection contre la hausse des taux d'intérêt à court terme dans le contexte américain

Les principes utilisés pour se couvrir contre la hausse des taux d'intérêt à court terme en dollar sont strictement identiques à ceux présentés dans les exemples précédents. Le cas schématique et simplifié (en particulier au niveau des taux d'intérêt) développé dans les lignes qui suivent a simplement pour objectif d'exposer une nouvelle situation dans laquelle le recours aux marchés à terme de titres financiers se révèle bénéfique.

Le 1er mars, une entreprise contacte une banque afin de bénéficier pour le 15 juin d'un prêt de 10 millions de dollars pour une durée de trois mois. Son objectif est d'obtenir un financement d'exportation et de connaître dès maintenant le taux d'intérêt afin de proposer à l'importateur une offre ferme et définitive, financement inclus.

Le 1er mars, le taux d'intérêt à 90 jours sur le marché de l'euro-dollar étant égal à 8,5 %, le banquier s'engage à prêter, le 15 juin, 10 millions de dollars à un taux de 8,5 %, somme qu'il empruntera à cette date sur le marché au comptant des euro-dollars pour les prêter à l'exportateur. En fait, le banquier craint une hausse des taux d'intérêt qui pourrait le contraindre à emprunter le 15 juin 10 millions de dollars à un taux supérieur à 8,5 %. Pour se protéger contre une telle éventualité, il décide de se couvrir en vendant 10 contrats euro-dollar (la valeur nominale d'un contrat est de un million de dollars) pour l'échéance juin (tableau 20). Admettons que la vente s'effectue au cours de 91-50 (ce qui implique que le taux d'intérêt sur le marché des contrats est égal à 8,50 %).

Le 15 juin, lorsque le banquier emprunte 10 millions de dollars sur le marché des euro-devises pour les prêter à l'exportateur, le taux d'intérêt est égal à 13 %. Il enregistre donc une perte égale à :

$$10\,000\,000[13\,\% - 8,5\,\%] \times \frac{90}{360} = 112\ 500 \text{ dollars.}$$

TABLEAU 20

La protection contre la hausse des taux d'intérêt à court terme

Opérations sur le marché au comptant des euro-dollars	**Opérations sur le marché des contrats à terme**
1er mars Un banquier s'engage à prêter le 15 juin 10 millions de dollars à un taux de 8,5 %. Le banquier craint une hausse des taux d'intérêt pour le mois de juin.	*1er mars* Le banquier vend 10 contrats pour le terme juin. Les contrats à terme pour l'échéance juin cotent 91-50.
15 juin Le banquier emprunte 10 millions de dollars sur le marché des euro-devises pour les prêter à l'exportateur. Le taux d'intérêt sur le marché de l'euro-dollar est de 13 %.	*15 juin* Le banquier achète 10 contrats pour le terme juin. Les contrats à terme pour l'échéance juin cotent 87-00.
Les transactions sur le marché au comptant de l'euro-dollar font apparaître une perte de 112 500 dollars.	Les transactions sur le marché des contrats font apparaître un gain de 112 500 dollars.

Cette perte est heureusement pour lui compensée par un gain sur le marché des contrats car, le 15 juin, il achète à un cours de 87-00 les 10 contrats qu'il avait vendus le 1er mars à un prix de 91-50. Le montant de ce gain est égal à :

10 x [91-50 – 87-00] x 2 500 = 112 500 dollars.

Si, au lieu de s'élever, les taux d'intérêt avaient chuté, le banquier aurait enregistré un gain sur le marché au comptant qui aurait été contrebalancé par une perte sur le marché des contrats (tableau 21).

Les données volontairement simplifiées retenues dans cet exemple et ceux qui l'ont précédé aboutissent à ce que l'opération de couverture est parfaite. Bien évidemment, il s'agit là d'une situation tout à fait exceptionnelle.

TABLEAU 21
La protection contre la hausse des taux d'intérêt à court terme

Opérations sur le marché au comptant des euro-dollars	**Opérations sur le marché des contrats à terme**
1er mars Un banquier s'engage à prêter le 15 juin 10 millions de dollars à un taux de 8,5 %. Le banquier craint une hausse des taux d'intérêt pour le mois de juin.	*1er mars* Le banquier vend 10 contrats pour le terme juin. Les contrats à terme pour l'échéance juin cotent 91-50.
15 juin Le banquier emprunte 10 millions de dollars sur le marché des euro-devises pour les prêter à l'exportateur. Le taux d'intérêt sur le marché de l'euro-dollar est de 7 %.	*15 juin* Le banquier achète 10 contrats pour le terme juin. Les contrats à terme pour l'échéance juin cotent 93-00.
Les transactions sur le marché au comptant de l'euro-dollar font apparaître un gain de 37 500 dollars.	Les transactions sur le marché des contrats font apparaître une perte de 37 500 dollars.

1.4. La protection contre la hausse des taux d'intérêt à court terme dans le contexte français

Le raisonnement développé dans le contexte américain avec le contrat à terme sur les dépôts à 90 jours en euro-dollar serait strictement identique dans le contexte français avec le contrat sur les dépôts à 90 jours en franc qu'est le PIBOR 3 mois. Seule la valeur nominale des contrats serait différente ; elle est de cinq millions de francs et non pas de un million de dollars, mais en dehors de cette spécificité, l'analyse, la cotation des contrats et les conclusions seraient identiques à celles qui viennent d'être développées.

2. Les opérations de couverture et la protection contre la baisse des taux d'intérêt

Techniquement parlant, la protection contre le risque de baisse des taux d'intérêt induit des opérations identiques, mais inverses, à celles mises en place pour la protection contre la hausse des taux d'intérêt. Ceci implique que l'opérateur achète des contrats au lieu d'en vendre. Deux exemples permettent d'illustrer le raisonnement.

2.1. La couverture contre la baisse des taux d'intérêt à long terme en franc

En juin, une société d'assurance anticipe un encaissement de 25 millions de francs pour septembre. Elle souhaite dès maintenant pouvoir acheter avec cette somme des obligations en souscrivant à la prochaine émission publique d'obligations assimilables du Trésor (OAT) ayant 10 ans d'échéance. Le rendement actuariel des obligations de première catégorie est actuellement égal à 11 %, mais le gérant anticipe une baisse des taux pour le mois de septembre.

Sur le marché à terme, au début du mois de juin, le contrat pour l'échéance septembre cote 94-10. La société d'assurance achète 50 contrats pour se protéger contre le risque de baisse des taux (tableau 22).

En septembre, le taux d'intérêt à long terme sur le marché obligataire français ayant effectivement baissé, l'adjudication de titres publics se fait à un taux de 10 %. La société d'assurance enregistre une perte en opportunité de 1 % sur son placement, ce qui, traduit en termes de cours, implique un manque à gagner de 1 475 000. (En juin, quand le taux d'intérêt était égal à 11 %, elle aurait pu acheter des obligations ayant une valeur nominale de 25 millions de francs en investissant une somme de 23 525 000 francs, alors qu'elle doit débourser en septembre une somme égale à la valeur nominale des titres, soit 25 millions). Cette perte est contrebalancée par un gain de même ampleur sur le marché des contrats. La société d'assurance vend en effet à un cours de 100-00 les contrats précédemment achetés à un prix de 94-10 :

$$\frac{[100-00]-[94-10]}{100} \times 500\,000 \times 50 = 1\ 475\ 000 \text{ francs.}$$

TABLEAU 22
La protection contre la baisse des taux d'intérêt

Opérations sur le marché obligataire	**Opérations sur le marché des contrats à terme**
3 juin Le gérant de portefeuille d'une société d'assurance prévoit de recevoir 25 millions de francs au début du mois de septembre.	*3 juin* Le gérant achète 50 contrats pour l'échéance septembre.
Avec cette somme, il souhaite acheter des titres obligataires ayant une échéance de 10 ans et un taux nominal de 10 %.	Les contrats à terme pour l'échéance septembre cotent 94-10.
Le rendement de ces titres est actuellement égal à 11 %.	
Le gérant craint une baisse des taux.	
20 septembre Le gérant de portefeuille reçoit 25 millions de francs. Il achète des obligations. Le rendement est égal à 10 %.	*20 septembre* Le gérant vend 50 contrats pour l'échéance septembre. Les contrats à terme pour l'échéance septembre cotent 100-00.
Les transactions sur le marché obligataire font apparaître une perte en opportunité de 1 475 000 francs.	Les transactions sur le marché des contrats font apparaître un gain de 1 475 000 francs.

2.2. *La couverture contre la baisse des taux d'intérêt à court terme en dollar*

Le raisonnement est strictement identique pour une baisse des taux d'intérêt à court terme. La situation peut être illustrée par l'exemple d'une entreprise française anticipant le paiement dans six mois d'un contrat à l'exportation libellé en dollar. Dans l'attente d'une affectation à venir, elle souhaiterait placer les fonds qu'elle recevra dans six mois sous forme d'un dépôt en euro-dollar. Redoutant une baisse des taux d'intérêt, le trésorier de cette entreprise achète dès maintenant des contrats à terme de dépôt à 90 jours en euro-dollar. De ce fait, toute baisse des taux sur le marché au comptant est contrebalancée par un gain sur le marché des contrats. En revanche, une éventuelle hausse des taux sur le marché de l'euro-dollar, alors qu'une baisse était anticipée, ne profite pas à l'entreprise, sauf à compenser sa position à terme avant l'échéance du contrat, car ce gain est contrebalancé par une perte sur le marché des contrats. Cette perte est consécutive à la vente des contrats à un prix inférieur à leur cours d'achat.

3. Le coût d'une opération de couverture

Une opération de couverture n'est jamais gratuite. Il existe toujours un coût qui a deux origines : les anticipations, d'une part, le coût de portage, d'autre part. Ce coût peut être toutefois atténué par un choix judicieux de l'échéance des contrats.

3.1. Les anticipations et le coût de la couverture

Lorsqu'un opérateur souhaite acheter ou vendre des contrats à terme de titres financiers à revenu fixe pour se protéger contre la baisse ou la hausse des taux d'intérêt, il serait naïf de croire qu'il est le seul à anticiper cette variation des taux. D'autres opérateurs, des spéculateurs et des investisseurs, anticipant les mêmes évolutions, ont très probablement acheté ou vendu des contrats avant qu'il intervienne lui-même sur le marché.

Dans le cas d'une anticipation de baisse des taux, pour prendre cet exemple, des spéculateurs achètent des contrats avec l'espoir de les revendre ultérieurement (si leurs anticipations sont vérifiées) à un prix supérieur. De la même façon, des investisseurs institutionnels, pour se protéger contre le risque de baisse des taux, vont eux aussi acheter des contrats. Ces achats ont pour conséquence, toutes choses égales par ailleurs, d'élever le prix des contrats.

3.1.1. Un exemple relatif au taux d'intérêt à court terme en dollar

Reprenons l'exemple ayant pour cadre le marché des contrats à terme de dépôt en euro-dollar à 90 jours développé au paragraphe 1.3. Supposons que le 1er mars le banquier vend 10 contrats pour l'échéance juin à un cours de 91-20 (et non pas 91-50 comme il avait été supposé dans l'exemple initial). Ce prix de 91-20 implique que le taux d'intérêt pour l'échéance juin sur le marché des contrats ressort à 8,80 %. Cette hausse des taux (cette baisse des cours) est consécutive à des ventes de contrats effectuées par des opérateurs qui anticipaient une hausse des taux… et qui ont vendu des contrats avant que le banquier se présente sur le marché.

Le 15 juin, lorsque le banquier emprunte 10 millions de dollars, le taux d'intérêt sur le marché au comptant doit être sensiblement égal à celui qui prévaut sur le marché à terme, du fait que la transaction se produit pratiquement à l'échéance du contrat. Ceci résulte du phénomène de "convergence de la base". Par souci de simplification, il est supposé, dans cet exemple, que la convergence est parfaite et que les taux d'intérêt sont tous les deux égaux à 13 %. Dans ces conditions, le banquier enregistre une perte de 112 500 dollars sur le marché au comptant, à savoir :

$$10\,000\,000[13\%-8,5\%]]\times\frac{90}{360}=112\ 500\,\text{dollars.}$$

Sur le marché des contrats, en revanche, le gain est égal à :

10 [(91-20) – (87-00)] x 2 500 = 105 000 dollars.

La couverture est donc imparfaite et ceci provoque une perte de 7 500 dollars (tableau 23). L'imperfection s'explique par l'existence, au 1er mars, d'un déport (le cours à terme pour l'échéance juin est inférieur au cours au comptant ou, ce qui revient au même, le taux d'intérêt sur le marché à terme est supérieur au taux d'intérêt sur le marché au comptant). Ce déport est consécutif aux anticipations des opérateurs. En se couvrant sur le marché des contrats à la date du 1er mars, le banquier n'a pu se garantir qu'un taux de 8,80 %.

Ce qui est vrai des taux d'intérêt à court terme dans le contexte américain l'est de tout marché à terme de titres financiers à revenu fixe, quel qu'en soit le cadre institutionnel. Prenons le cas d'un opérateur intervenant sur le marché des obligations du Trésor français.

3.1.2. Un exemple relatif au taux d'intérêt à long terme en franc

En juin, un investisseur institutionnel anticipe un encaissement de 25 millions de francs pour septembre. Il souhaite dès maintenant pouvoir acheter avec cette

TABLEAU 23

La protection contre la hausse des taux d'intérêt à court terme et la prise en compte des anticipations

Opérations sur le marché au comptant des euro-dollars	Opérations sur le marché des contrats
1er mars Un banquier s'engage à prêter le 15 juin 10 millions de dollars à un taux de 8,5 %. Le banquier craint une hausse des taux d'intérêt pour le mois de juin. *15 juin* Le banquier emprunte 10 millions de dollars sur le marché des euro-dollars pour les prêter à l'emprunteur. Le taux d'intérêt sur le marché de l'euro-dollar est de 13 %.	*1er mars* Le banquier vend 10 contrats pour le terme juin. Les contrats à terme pour l'échéance juin cotent 91-20. *15 juin* Le banquier achète 10 contrats pour le terme juin. Les contrats à terme pour l'échéance juin cotent 87-00.
Les transactions sur le marché au comptant de l'euro-dollar font apparaître une perte de 112 500 francs.	Les transactions sur le marché des contrats font apparaître un gain de 105 000 dollars.
Les transactions sur le marché au comptant et le marché des contrats font apparaître une perte de 7 500 dollars.	

somme des obligations en souscrivant à une émission publique d'OAT ayant 10 ans d'échéance ou en se procurant des titres identiques sur le marché secondaire. Le taux de rendement actuariel des obligations de première catégorie est actuellement de 11 %, mais le gérant anticipe une baisse des taux pour le mois de septembre.

Sur le MATIF, au début du mois de juin, le contrat à terme pour l'échéance septembre cote 95-24. Le même exemple précédemment développé au paragraphe 2.1. retenait un prix de 94-10. Cette différence de cours indique que le marché anticipe déjà, en juin, une baisse des taux pour le mois de septembre. Nonobstant ce fait, le gérant achète 50 contrats à terme pour l'échéance septembre au prix de 95-24 (tableau 24).

TABLEAU 24

La protection contre la baisse des taux d'intérêt

Opérations sur le marché obligataire	**Opérations sur le marché des contrats**
3 juin Le gérant de portefeuille d'une société d'assurance prévoit de recevoir 25 millions de francs au début du mois de septembre. Avec cette somme, il souhaite acheter des titres obligataires ayant une échéance de 10 ans et un taux nominal de 10 %. Le rendement de ces titres est actuellement égal à 11 %. Le gérant craint une baisse des taux.	*3 juin* Le gérant achète 50 contrats pour l'échéance septembre. Les contrats à terme pour l'échéance septembre cotent 95-24.
20 septembre Le gérant de portefeuille reçoit 25 millions de francs. Il achète des obligations. Le rendement est égal à 10 %.	*20 septembre* Le gérant vend 50 contrats pour l'échéance septembre. Les contrats à terme pour l'échéance septembre cotent 100-00.
Les transactions sur le marché obligataire font apparaître une perte en opportunité de 1 475 000 francs.	Les transactions sur le marché des contrats font apparaître un gain de 1 190 000 francs.
Les transactions sur le marché obligataire et le marché des contrats font apparaître une perte de 285 000 francs.	

En septembre, le taux d'intérêt à long terme ayant effectivement baissé, l'adjudication des OAT se fait à un taux de 10 %. L'investisseur institutionnel enregistre une perte en opportunité de 1 %, ce qui implique un manque à gagner de 1 475 000. Cette perte est en partie contrebalancée par un gain sur le marché des contrats. L'investisseur vend en effet à un cours de 100 les contrats précédemment achetés à un prix de 95-24.

$$\frac{[100-00]-[95-24]}{100} \times 500\,000 \times 50 = 1\ 190\ 000 \text{ francs.}$$

La couverture n'est pas parfaite. L'imperfection ressort à :

1 475 000 – 1 190 000 = 285 000 francs.

En conclusion, on peut dire que la différence entre le prix au comptant et le prix à terme pour l'échéance septembre est due aux anticipations des opérateurs quant à l'évolution des taux d'intérêt. Ces anticipations ont pour conséquence de réduire l'efficacité des opérations de couverture et d'induire un coût de couverture.

Cette analyse est satisfaisante, mais elle n'explique pas tout. Indépendamment de toute anticipation, le prix à terme diffère du prix au comptant pour une autre raison associée au coût du portage.

3.2. Le portage et le coût de la couverture

Le prix à terme peut différer du prix au comptant, et induire de ce fait un coût de couverture, pour une raison différente des anticipations des opérateurs quant à l'évolution des taux d'intérêt. Ce nouvel élément, source d'imperfections, est associé au coût de portage.

Reprenons le premier exemple développé au paragraphe 1.1. de ce chapitre. Nous avons vu qu'un gérant de SICAV investissant au 1er janvier 100 millions de francs dans des obligations et vendant immédiatement 200 contrats à terme pour l'échéance juin était assuré d'obtenir 105 000 000 de francs au 30 juin, quelle que soit l'évolution des taux d'intérêt entre le 1er janvier et le 30 juin. Sous-jacente à cette conclusion se trouve une hypothèse qui n'est pas très réaliste : celle d'une égalité entre les taux d'intérêt à court terme et à long terme sur les marchés au comptant. Si cette identité n'est pas respectée, une nouvelle composante du coût de couverture se manifeste immanquablement.

Supposons qu'au 1er janvier le taux d'intérêt à court terme (le taux à 6 mois) est égal à 8 % et que le taux d'intérêt à long terme (celui du marché obligataire) demeure à 10 %. Cette structure des taux sur le marché au comptant, associée à un cours des contrats à terme pour l'échéance juin égal à 100-00, permet à un investisseur d'emprunter 100 millions de francs pendant 6 mois sur le marché monétaire, à un taux de 8 %, et de financer un portefeuille obligataire de 100 millions de francs, couvert contre le risque de taux d'intérêt par une vente de 200 contrats à terme. Au 30 juin, l'investisseur vend ses obligations, achète 200 contrats à terme et obtient par conséquent 105 000 000 de francs, ce qui lui permet de rembourser l'emprunt de 100 millions sur le marché monétaire accru de 4 millions de taux d'intérêt... et d'obtenir ainsi un gain d'arbitrage sans risque de 1 000 000 de francs.

Cette situation est évidemment trop belle pour durer longtemps. D'autres opérateurs procèdent aux mêmes arbitrages dans l'espoir d'obtenir les mêmes profits, mais les ventes de contrats induites par la mise en place de ces arbitrages entraînent une baisse du cours à terme jusqu'à un niveau où l'investisseur, faute de gain, n'a plus aucune incitation à entreprendre une opération d'arbitrage. Le cours à terme qui annule toute incitation à entreprendre une opération d'arbitrage est égal à 99. A ce prix, en effet, les transactions sur le marché des contrats se dénouent par un gain de 4 900 000 francs :

cours de vente le 1er janvier	99-00
cours d'achat le 25 juin	94-10
variation des cours	4,90 %
gain = 4,90 % x 5 000 x 200	4 900 000

La valeur du portefeuille couvert est alors égale à :

Obligations d'Etat	99 100 000
+ gain sur le MATIF	4 900 000
= portefeuille couvert	104 000 000

ce qui est la somme nécessaire pour rembourser les 100 millions empruntés le 1er janvier accrus des intérêts à 8 % pendant 6 mois, soit 4 millions de francs.

Cet exemple, parfaitement généralisable, aboutit à la formulation d'une règle fondamentale : le prix à terme est égal au prix au comptant accru du coût de financement et diminué des intérêts courus.

Dans le cas qui retient notre attention, le prix à terme est égal à 99. Nous avons en effet :

prix au comptant	100
+ coût de financement	4
– intérêts courus	5
= prix à terme	99

Dans la mesure où, le 1er janvier, le prix à terme pour l'échéance juin est égal à 99, du fait d'un coût net de portage égal à – 1, l'opération de couverture n'est plus gratuite (indépendamment des anticipations et des frais de courtage). Reprenons en effet le premier exemple développé au paragraphe 1.1. en considérant que le prix à terme est égal à 99.

Le 1er janvier, le gérant de la SICAV achète pour 100 millions de titres obligataires et vend 200 contrats à un cours de 99 (tableau 25). Le 25 juin, il liquide ses obligations et achète 200 contrats à un cours de 94-10. Les transactions sur le marché des contrats se dénouent par un gain de 4 900 000 francs :

cours de vente le 1er janvier	99-00
cours d'achat le 25 juin	94-10
variation des cours	4,90 %
gain = 4,90 % x 5 000 x 200	4 900 000

Au total, la valeur du portefeuille couvert est égale à :

obligations d'Etat	99 100 000
+ gain sur le MATIF	4 900 000
= portefeuille couvert	104 000 000

ce qui correspond à une rentabilité de 8 % sur un portefeuille de 100 millions pendant une durée de 6 mois (dans l'exemple développé au paragraphe 1.1. de ce chapitre, la rentabilité atteignait 10 %).

La conclusion *très importante* à tirer de cet exemple est que le marché à terme transforme un taux d'intérêt à long terme, en l'occurrence 10 %, en un taux d'intérêt à court terme, en l'occurrence 8 %.

Bien évidemment, si la structure des taux d'intérêt sur le marché au comptant est inversée, si, en d'autres termes, le taux d'intérêt sur le marché monétaire est supérieur au taux d'intérêt sur le marché obligataire, le cours des contrats à terme est supérieur au cours au comptant.

Pour un taux d'intérêt à 6 mois sur le marché monétaire égal à 12 % et un taux sur le marché obligataire égal à 10 %, le prix d'un contrat à terme ayant 6 mois d'échéance est égal à 101 :

prix au comptantt	100
+ coût de financement	6
– intérêts courus	5
= prix à terme	101

TABLEAU 25

La protection contre la hausse des taux d'intérêt

Opérations sur le marché obligataire	Opérations sur le marché des contrats
2 janvier Le gérant de SICAV achète des obligations ayant une échéance de 10 ans et un taux nominal de 10 %. Le rendement est égal à 10 %. Le prix d'achat est de 100 millions. Le gérant craint une hausse des taux d'intérêt.	*2 janvier* Le gérant achète 200 contrats pour l'échéance juin. Les contrats à terme pour l'échéance juin cotent 99-00.
25 juin Le gérant vend les obligations. Le taux d'intérêt sur le marché obligataire est de 11 %. Le prix de vente est de 99 100 000 francs.	*25 juin* Le gérant achète 200 contrats pour l'échéance juin. Les contrats à terme pour l'échéance juin cotent 94-10.
Les transactions sur le marché obligataire font apparaître une perte de 900 000 francs.	Les transactions sur le marché des contrats font apparaître un gain de 4 900 000 francs.
Le résultat des transactions sur le marché obligataire et le marché des contrats est égal à 4 000 000 de francs.	

Si le cours à terme est égal à 101, la couverture sur le marché des contrats induit un bénéfice de six millions et non pas de quatre, comme l'indique le tableau 26.

Le tableau 26 permet de retrouver une conclusion de même nature, à défaut d'être parfaitement identique au niveau des chiffres, à celle tirée du tableau 25, à savoir que le marché à terme transforme un taux d'intérêt à long terme, en l'occurrence 10 %, en un taux d'intérêt à court terme, en l'occurrence 12 %.

Lorsque la structure des taux sur le marché au comptant est normale, lorsque le taux d'intérêt sur le marché

TABLEAU 26

La protection contre la hausse des taux d'intérêt

Opérations sur le marché obligataire	**Opérations sur le marché des contrats**
2 janvier Le gérant de SICAV achète des obligations ayant une échéance de 10 ans et un taux nominal de 10 %. Le rendement est égal à 10 %. Le prix d'achat est de 100 millions. Le gérant craint une hausse des taux d'intérêt.	*2 janvier* Le gérant achète 200 contrats pour l'échéance juin. Les contrats à terme pour l'échéance juin cotent 101-00.
25 juin Le gérant vend les obligations. Le taux d'intérêt sur le marché obligataire est de 11 %. Le prix de vente est de 99 100 000 francs.	*25 juin* Le gérant achète 200 contrats pour l'échéance juin. Les contrats à terme pour l'échéance juin cotent 94-10.
Les transactions sur le marché obligataire font apparaître une perte de 900 000 francs.	Les transactions sur le marché des contrats font apparaître un gain de 6 900 000 francs.
Le résultat des transactions sur le marché obligataire et le marché des contrats est égal à 6 000 000 de francs.	

monétaire est inférieur au taux d'intérêt sur le marché obligataire, les prix à terme sur le marché des contrats sont en déport. Lorsque la structure des taux sur le marché au comptant est inversée, lorsque le taux d'intérêt sur le marché monétaire est supérieur au taux d'intérêt sur le marché obligataire, les prix à terme sont en report.

Dans la réalité, les deux phénomènes que sont les anticipations et le coût de portage ne sont pas exclusifs l'un de l'autre, bien au contraire : leurs effets peuvent se cumuler ou se compenser. Un déport sur le marché à terme (tenant au fait que les taux à court terme sur le marché monétaire sont inférieurs aux taux à long terme sur le marché obligataire) peut être accentué par les anticipations de hausse des taux sur le marché des contrats. Le même déport peut être, en revanche, partiellement compensé si les anticipations sont à la baisse des taux.

3.3. Le choix de l'échéance des contrats et le coût de la couverture

Dans les exemples développés jusqu'à maintenant, l'opération de couverture sur le marché des contrats était parfaitement adossée à la transaction sur le marché au comptant, en ce sens que l'une et l'autre avaient la même échéance. La réalité est plus complexe et ceci permet à l'opérateur de réduire dans certains cas le coût de sa couverture.

Reprenons l'exemple présenté au paragraphe 2.1. et approfondi au paragraphe 3.1.2. L'investisseur institutionnel anticipant pour septembre la perception d'une somme de 25 millions, mais redoutant une baisse des taux d'intérêt, souhaite se couvrir par un achat de contrats. L'anticipation de baisse des taux ayant déjà été partiellement intégrée par les opérateurs, le prix des contrats à terme pour l'échéance de septembre est égal à 95-24, ce qui veut dire, comme nous l'avons noté au paragraphe 3.1.2., que le coût de la couverture ressort à 285 000 francs. Cette somme lui semblant excessive, le gérant envisage de se couvrir sur une autre échéance. Consultant les cours, il constate que le contrat à terme pour l'échéance décembre cote 94-40. Devant acheter des contrats, le gérant tire profit de cette structure des prix. Il se porte en effet sur l'échéance de décembre et non pas celle de septembre, car il réalise ce faisant une économie de :

$$\frac{\left[(95-24)-(94-40)\right]}{100}\times 500\,000\times 50=210\ 000 \text{ francs.}$$

Bien évidemment, lorsqu'il compense sa position sur l'échéance décembre, le gérant est confronté à une base. Il est impossible, en effet, que le taux d'intérêt sur le marché au comptant à la date du 20 septembre soit égal au taux d'intérêt implicite qui ressort du prix des contrats à terme pour l'échéance décembre (tableau 27). Cette base à la date du 20 septembre vient se déduire du gain potentiel de 210 000 francs.

TABLEAU 27

La protection contre la hausse des taux d'intérêt

Opérations sur le marché obligataire	Opérations sur le marché des contrats
3 juin Le gérant de portefeuille d'une société d'assurance prévoit de recevoir 25 millions de francs au début du mois de septembre. Avec cette somme, il souhaite acheter des titres obligataires ayant une échéance de 10 ans et un taux nominal de 10 %. Le rendement de ces titres est actuellement égal à 11 %. Le gérant craint une baisse des taux. *20 septembre* Le gérant de portefeuille reçoit 25 millions de francs. Il achète des obligations. Le rendement est égal à 10 %.	*3 juin* Le gérant achète 50 contrats pour l'échéance décembre. Les contrats à terme pour l'échéance décembre cotent 94-40. *20 septembre* Le gérant vend 50 contrats pour l'échéance décembre. Les contrats à terme pour l'échéance décembre cotent 99-70.
Les transactions sur le marché obligataire font apparaître une perte en opportunité de 1 475 000 francs.	Les transactions sur le marché des contrats font apparaître un gain de 1 325 000 francs.
Les transactions sur le marché obligataire et celui des contrats font apparaître une perte de 150 000 francs.	

Le rapprochement des tableaux 24 et 27 souligne que le choix de l'échéance décembre réduit, dans le cas présent, le coût de la couverture contre le risque de taux d'intérêt. Ceci s'explique par les structures de prix entre les contrats pour les échéances septembre et décembre au 3 juin et au 20 septembre. Cette réduction du coût de la couverture ne doit pas être toutefois considérée comme un cas général. D'autres situations auraient pu apparaître et avoir pour conséquence d'accroître le coût de la couverture, comme le souligne le tableau 28. La difficulté essentielle tient à l'impossibilité pour le gérant de connaître au 3 juin ce que sera à la date du 20 septembre la différence entre le cours au comptant et le prix des contrats pour l'échéance décembre.

TABLEAU 28

La protection contre la baisse des taux d'intérêt

Opérations sur le marché obligataire	**Opérations sur le marché des contrats**
3 juin Le gérant de portefeuille d'une société d'assurance prévoit de recevoir 25 millions de francs au début du mois de septembre. Avec cette somme, il souhaite acheter des titres obligataires ayant une échéance de 10 ans et un taux nominal de 10 %. Le rendement de ces titres est actuellement égal à 11 %. Le gérant craint une baisse des taux.	*3 juin* Le gérant achète 50 contrats pour l'échéance décembre. Les contrats à terme pour l'échéance décembre cotent 94-40.
20 septembre Le gérant de portefeuille reçoit 25 millions de francs. Il achète des obligations. Le rendement est égal à 10 %.	*20 septembre* Le gérant vend 50 contrats pour l'échéance décembre. Les contrats à terme pour l'échéance décembre cotent 98-80.
Les transactions sur le marché obligataire font apparaître une perte en opportunité de 1 475 000 francs.	Les transactions sur le marché des contrats font apparaître un gain de 1 100 000 francs.
Les transactions sur le marché obligataire et celui des contrats font apparaître une perte de 375 000 francs.	

4. Le ratio de couverture

Il a été jusqu'à maintenant supposé que la sensibilité du prix des titres sur le marché au comptant était strictement comparable à celle du prix des contrats à terme. Cette hypothèse explique que, durant les trois premiers paragraphes, la valeur nominale de la position prise sur le marché des contrats par l'opérateur qui se protégeait contre le risque de taux était systématiquement égale à la valeur nominale du portefeuille détenu (ou à détenir) sur le marché au comptant. En réalité, tel n'est jamais le cas. Il n'y a pas deux titres à revenu fixe qui ont la même sensibilité, car il n'y a pas deux titres qui ont les mêmes caractéristiques. Ceci conduit à introduire dans l'analyse la notion de ratio de couverture *(hedge ratio)*.

Illustrons le problème par un exemple simplifié et reprenons à cet effet, en le modifiant très légèrement, l'exemple présenté au paragraphe 2.1. de ce chapitre.

Au début du mois de juin, une compagnie d'assurance est informée qu'elle va bénéficier d'un encaissement de 25 millions de francs pour la fin du mois de septembre. Elle souhaite se procurer avec cette somme des titres publics, mais craignant une baisse des taux d'intérêt, elle achète des contrats à terme pour s'en protéger.

Au paragraphe 2.1., il était posé que les titres achetés en septembre avaient une échéance de 10 ans. Il est maintenant supposé (c'est la seule différence avec le cas exposé au paragraphe 2.1.) que la compagnie d'assurance envisage d'acheter des titres publics ayant 15 ans d'échéance. Il n'est plus possible dès lors d'admettre que la sensibilité du prix de ces titres est identique à celle du notionnel servant de support au contrat à terme.

La sensibilité d'un titre financier à revenu fixe est en effet fonction d'un certain nombre de paramètres dont le plus important est la maturité du titre lui-même. Par voie de conséquence, la sensibilité n'étant plus identique, une variation de 1 % du taux d'intérêt n'aura pas le même impact au niveau de la plus-value ou de la moins-value en capital du contrat à terme et du titre à 15 ans sur le marché au comptant. Il est donc nécessaire d'introduire un ratio de couverture pour supprimer cette différence de sensibilité tenant aux caractéristiques des titres négociés.

Si une baisse des taux d'intérêt de 1 % induit une hausse de 7,5 % du prix d'un titre ayant 15 ans d'échéance et une hausse de 5 % du prix d'un titre ayant 10 ans d'échéance, toutes les autres caractéristiques étant identiques, il est nécessaire d'introduire un ratio de couverture de 1,5. Ceci veut dire que la valeur nominale de la position à terme devra être égale à 25 millions x 1,5 = 37,5 millions. Si tel est le cas, une baisse des rendements de 1 % induit une plus-value de 25 x 7,5 %, soit 1,875 million pour les titres du marché au comptant et une plus-value de 25 x 1,5 x 5 %, soit 1,875 million pour les titres négociés sur le marché des contrats.

Deux procédures différentes sont utilisées pour déterminer le ratio de couverture. La première recourt au facteur de concordance. La deuxième utilise la duration.

4.1. Le ratio de couverture et le facteur de concordance

L'idée sous-jacente au facteur de concordance (*cf.* le paragraphe 3. du premier chapitre) est d'introduire un élément correcteur visant à rendre comparables à l'obligation notionnelle les différents titres du gisement. Si le facteur de concordance pour le titre XYZ est égal à 1,1735, ce chiffre signifie qu'il est équivalent pour un opérateur d'avoir 500 000 francs de l'emprunt notionnel ou 586 750 (500 000 x 1,1735) francs de l'obligation XYZ. Par voie de conséquence, une faible variation des taux d'intérêt induit une plus-value ou une moins-value en capital identique sur 500 000 francs de l'emprunt notionnel et 586 750 francs de l'obligation XYZ.

De ce fait, le ratio de couverture peut être approximé par le facteur de concordance. Un opérateur souhaitant couvrir une ligne obligataire de 50 millions de francs ayant un facteur de concordance de 1,3200 doit prendre sur le marché des contrats une position égale à :

$$\frac{50\,000\,000}{500\,000} \times 1,3200 = 132 \text{ contrats.}$$

Si le facteur de concordance est égal à 0,9200, la position à terme doit être égale à :

$$\frac{50\,000\,000}{500\,000} \times 0,9200 = 92 \text{ contrats.}$$

Cette procédure est tout à fait satisfaisante dans le cas précis où la ligne obligataire que l'on cherche à couvrir correspond au titre le moins cher à livrer *(cheapest to deliver)*. C'est en effet la seule hypothèse dans laquelle l'évolution du prix du contrat est identique à celle de l'obligation au comptant. Pour les autres titres du gisement, et *a fortiori* ceux qui sont en dehors du gisement, il ne peut pas y avoir de parallélisme dans l'évolution des prix au comptant et du prix à terme. De ce fait, l'opérateur couvrant une ligne obligataire qui n'est pas la moins chère à livrer en utilisant comme ratio de couverture le facteur de concordance augmente son risque de base (graphique 2).

GRAPHIQUE 2
Evolution du risque de base

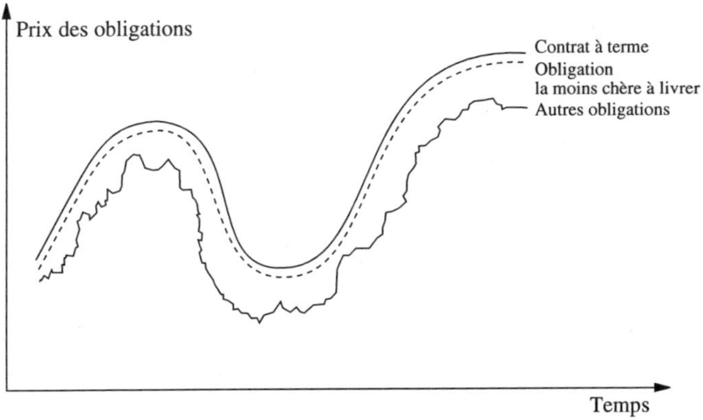

4.2. Le ratio de couverture et la duration

La relation donnant la valeur d'une obligation s'écrit :

$$P=\frac{R_1}{(1+r)}+\frac{R_2}{(1+r)^2}+\ldots+\frac{R_n+F}{(1+r)^n} \qquad [5]$$

avec :

P : le prix de l'obligation,
R_o : le coupon annuel,
F : la valeur de remboursement,
n : la maturité,
r : le taux de rendement.

Si r s'élève, le cours du titre financier diminue. Si, en revanche, r diminue, le cours de l'obligation s'accroît. La variation du prix est fonction des caractéristiques du titre obligataire.

La sensibilité du prix d'un titre financier à revenu fixe aux variations des taux d'intérêt dépend de très nombreux facteurs : maturité, coupon, niveau initial des taux d'intérêt, sens de la variation, etc. Dans la mesure où ces différents facteurs peuvent avoir des effets qui s'annulent ou se compensent en partie, il n'est pas toujours évident de connaître *a priori* l'ampleur de la variation des cours induite par une variation donnée des taux d'intérêt. Il est de ce fait difficile de comparer *a priori* la sensibilité des différents titres financiers à revenu fixe. Ceci pose d'autant plus de problèmes que les titres diffèrent tous les uns des autres.

C'est pour remédier à cette difficulté que fut élaboré un indicateur synthétique de la sensibilité du prix d'un titre financier aux variations des taux d'intérêt. Cet indicateur est la duration [1].

La duration d'un titre financier est la somme des valeurs actuelles des *cash-flows* de ce titre exprimées en pourcentage de la valeur actuelle du titre, pondérées par leur année de perception. De manière plus précise, la duration d'un titre financier à revenu fixe est définie par la relation :

$$D=\frac{\sum_{j=1}^{n}\frac{R_j}{(1+r)^j}\cdot j}{\sum_{j=1}^{n}\frac{R_j}{(1+r)^j}}=\frac{\sum_{j=1}^{n}\frac{R_j}{(1+r)^j}\cdot j}{P} \qquad [6]$$

avec :

D : la duration,
Rj : le *cash flow* de l'année j,
r : le taux de rendement,
n : la maturité de l'obligation,
P : le prix de l'obligation.

Ce concept fut élaboré en 1930 par Macaulay. C'est la raison pour laquelle il est souvent qualifié de "duration Macaulay".

1. R. Ferrandier, V. Koen : *Marchés de capitaux et techniques financières*, 2e éd., Paris, Economica, 1991, pp. 392-396.

La duration étant une expression de la sensibilité du prix d'un titre financier par rapport aux variations du rendement de ce titre, il est parfaitement concevable que le ratio de couverture entre deux titres (celui que l'on veut couvrir contre le risque de taux et le notionnel qui sert d'instrument de couverture) soit égal au rapport des durations des deux titres.

Reprenons l'exemple simplifié proposé au début de ce paragraphe. Si la duration de la ligne obligataire ayant 15 ans d'échéance est égale à 9 et si la duration de l'emprunt notionnel est égale à 6, le ratio de couverture va être égal à 1,5. Ceci implique que l'investisseur voulant couvrir un portefeuille de 25 millions de francs de titres obligataires ayant 15 ans d'échéance par l'achat de contrats notionnels doit se procurer 75 contrats et prendre sur le marché à terme une position nominale de 37,5 millions de francs.

Pour déterminer le ratio de couverture, les professionnels des marchés financiers préfèrent avoir recours à la volatilité.

La volatilité du prix d'un titre financier est égale au rapport du pourcentage de variation du cours de ce titre : dP/P à une variation du taux de rendement : dr.

A partir de la relation [5], il est possible de déterminer la conséquence d'une variation infiniment faible du taux d'intérêt sur le prix d'un titre financier. Le rapport dP/dr est en effet la dérivée de l'équation [5].

$$\frac{dP}{dr} = -\frac{R_1}{(1+r)^2} - \frac{2R_2}{(1+r)^3} - \frac{3R_3}{(1+r)^4} - \ldots - \frac{nR_n}{(1+r)^{n+1}} \qquad [7]$$

$$\frac{dP}{dr} = -\frac{1}{1+r} \sum_{j=1}^{n} \frac{R_j}{(1+r)^j} \cdot j \qquad [8]$$

La volatilité d'un titre financier à revenu fixe est alors égale à :

$$V = -\frac{1}{1+r} \cdot \frac{\sum_{j=1}^{n} \frac{R_j}{(1+r)^j} \cdot j}{\sum_{j=1}^{n} \frac{R_j}{(1+r)^j}} \qquad [9]$$

$$V = -\frac{1}{1+r} \cdot D \qquad [10]$$

La volatilité d'un titre à revenu fixe est donc égale à sa duration multipliée par le facteur – 1/1 + r.

La volatilité exprimant la sensibilité du prix d'un titre financier à revenu fixe par rapport aux variations du rendement de ce titre, le ratio de couverture entre deux titres (celui que l'on veut couvrir contre le risque de taux et le notionnel qui sert d'instrument de couverture) est égal au rapport des volatilités des deux titres.

5. Les opérations de couverture croisée

Très peu de contrats à terme de taux d'intérêt font l'objet de transactions régulières et significatives. En France, ce sont les contrats sur les taux d'intérêt à 10 ans sur les titres publics et les taux à 3 mois sur les dépôts bancaires. Aux Etats-Unis, ce sont les taux à long terme sur les obligations du Trésor, les taux à 10 ans, à 5 ans et à 2 ans sur les notes du Trésor et les taux à 3 mois sur les dépôts en euro-dollar. Sur la plupart des autres places financières, les références négociées sur les marchés de contrats sont les taux à 3 mois sur les dépôts bancaires et les taux à long terme du marché obligataire.

Pour les opérateurs intervenant sur le marché au comptant des obligations émises par le Trésor, ou celui des dépôts à 3 mois, les transactions qu'ils effectuent sur le marché des contrats sont susceptibles de leur offrir une très bonne couverture contre le risque de taux (à condition, toutefois, de prendre en compte les facteurs de concordance), car le sous-jacent des contrats est identique aux actifs sur lesquels ils opèrent sur le comptant. Tel n'est plus le cas des opérateurs qui interviennent sur les autres titres du marché au comptant (obligations du secteur privé, BTAN, bons du Trésor à 3 mois, dépôts interbancaires à 6 mois, etc.). L'absence de marchés à terme ayant pour sous-jacents les actifs qu'ils négocient sur le marché au comptant n'interdit toutefois pas à ces opérateurs de se couvrir. Il leur suffit d'intervenir sur les marchés de contrats, à la condition que les variations des taux d'intérêt sur les marchés à terme soient étroitement corrélées aux variations des prix des actifs négociés sur le marché au comptant. Un exemple permet d'illustrer l'intérêt des opérations de couverture croisée, dénommées en anglais opérations de *cross hedging*.

Le 3 janvier, une entreprise prévoit de réaliser à la fin du mois de juin un emprunt obligataire de 400 millions de francs ayant une échéance de 15 ans. Le taux actuel sur le marché secondaire des titres émis par des emprunteurs privés est 10,4 %. Cette entreprise craint une hausse des taux d'intérêt pour le mois de juin.

Pour se protéger contre ce risque en l'absence de contrats à terme sur les titres obligataires privés, l'émetteur entreprend une opération de *cross hedging* et vend des contrats notionnels sur le MATIF. Le taux sur le marché secondaire des titres à long terme émis par le Trésor est supposé égal à 10 %, ce qui signifie que la différence de risque tenant à l'émetteur (titres privés et titres publics) est valorisée le 3 janvier par un *spread* de 0,4 %. En effectuant une opération de *cross hedging*, l'entreprise fait l'hypothèse que le *spread* de 0,4 % va demeurer stable jusqu'au mois de juin.

Par souci de simplification, nous supposons que le contrat à terme pour l'échéance juin cote 100-00, ce qui implique que le taux d'intérêt implicite pour l'échéance juin est égal à 10 %.

Le 3 janvier, l'entreprise vend 800 contrats pour l'échéance juin à un cours de 100-00.

Le 18 juin, l'entreprise réalise son emprunt obligataire et ce qu'elle redoutait s'est effectivement produit. Elle émet des titres à 15 ans au taux actuariel de 11,7 %. L'amortissement est effectué sur 15 ans par annuité constante de 57 792 000 francs [1]. Le 18 juin, le contrat à terme pour l'échéance juin cote 94-10, ce qui implique que le taux d'intérêt implicite est égal à 11 %. L'entreprise achète par conséquent 800 contrats à ce prix (On suppose qu'il n'y a pas de problème de liquidité... ce qui n'est pas nécessairement vrai. Il n'est pas facile, en effet, d'opérer sur 800 contrats à quelques jours de l'échéance sans faire varier les cours).

1. Cette hypothèse d'un amortissement par annuité constante de 57 792 000 francs n'est pas due au hasard. Elle a été retenue, car elle permet au titre ayant 15 ans d'échéance d'avoir une duration sensiblement identique à celle du titre notionnel dont l'échéance est égale à 10 ans, mais qui est remboursable *in fine*.

Les transactions sur le marché à terme se concluent par un gain de 23 600 000 francs que l'on explique de la manière suivante :

cours de vente	100-00
cours d'achat	94-10
variation des cours	5,90 %
gain = 5,90 % x 500 000 x 800	23 600 000

Au total, le coût de l'emprunt obligataire ressort à 10,66 %. L'entreprise reçoit, en effet, 400 millions des souscripteurs et 23 600 000 de la chambre de compensation. Sachant que les annuités sont de 57 792 000, le taux actuariel r est tel que :

$$423\,600\,000 = \frac{57\,792\,000}{1+r} + \frac{57\,792\,000}{(1+r)^2} + \ldots + \frac{57\,792\,000}{(1+r)^{15}}$$

Le taux actuariel r ressort à 10,66 %.

L'entreprise n'est pas parfaitement couverte contre le risque de taux d'intérêt. Elle espérait, en se couvrant, obtenir un coût d'emprunt de 10,4 % et le taux effectif au 18 juin ressort à 10,66 %. L'explication de cette imperfection est facile à déterminer. Entre le 3 janvier et le 18 juin, le taux d'intérêt sur le marché des OAT est passé de 10 % à 11 %, soit une variation de 1 %, alors que durant la même période le taux sur le marché des obligations émises par les entreprises privées est passé de 10,4 % à 11,7 %, soit une variation de 1,3 %. L'absence de parallélisme entre les variations des taux d'intérêt explique l'imperfection de la couverture. Malgré cette imperfection, la décision de se couvrir par une opération de *cross hedging* est une bonne décision, car l'entreprise réussit, malgré tout, à éviter une hausse de 1 % (qui correspond à la variation des taux sur le marché des contrats).

Pour que l'opération de couverture soit parfaite, il aurait fallu que la variation des taux d'intérêt soit strictement parallèle ou, ce qui revient au même, que le *spread* à la date du 18 juin entre les taux d'intérêt sur le marché des titres publics et celui des titres privés soit identique à celui qui existait le 3 janvier, soit 0,4 %.

Les opérations de couverture croisée ne sont pas sans présenter certains risques, car les fluctuations des taux d'intérêt sur les différents marchés ne sont jamais strictement parallèles. Les variations de taux sont d'autant moins identiques que certaines caractéristiques essentielles des titres négociés au comptant (échéance ou risque de l'émetteur, par exemple) ne sont pas identiques à celles de l'actif servant de sous-jacent aux contrats à terme. Le problème auquel est exposé l'opérateur effectuant du *cross hedging* est que le risque de *spread* devienne supérieur au risque de variation du niveau absolu des taux d'intérêt. Si tel était le cas, l'opérateur qui se serait couvert réaliserait une perte par rapport à celui qui ne l'aurait pas fait.

6. La gestion bancaire et la protection contre le risque de taux d'intérêt

Les marchés à terme de taux d'intérêt accroissent la flexibilité des banques et démultiplient leur potentiel d'activité. L'exemple qui suit en est une parfaite illustration.

Le 15 mars, une entreprise s'adresse à une banque pour lui demander un crédit de 15 millions de dollars à 18 mois à taux d'intérêt fixe. A cette date, cette banque ne peut se procurer des ressources à taux fixe à 18 mois dans de bonnes conditions. Deux raisons – parmi d'autres – peuvent expliquer un tel état de fait. Le marché au comptant de l'euro-dollar peut être perturbé, ce qui rend difficile l'obtention de ressources à moyen terme à taux d'intérêt fixe. La deuxième raison est plus prosaïque ; la banque n'est pas d'une taille suffisante et ne possède pas les fonds propres requis pour intervenir sur le marché des euro-devises dans de bonnes conditions sur une aussi longue échéance. La seule possibilité que lui permet son rating est de se procurer des ressources à trois mois à taux d'intérêt fixe sur le marché de l'euro-dollar.

Pour satisfaire son client, on pourrait imaginer que cette banque s'engage à lui prêter à taux fixe et se porte sur le marché des euro-devises à trois mois en renouvelant cinq fois son emprunt. Cette opération est possible, mais la banque serait alors exposée à un risque de taux lors de chaque renouvellement. Pour pallier ce risque, la banque pourrait accorder un prêt à 18 mois à taux d'intérêt flottant, mais telle n'est pas la demande de son client. Pour accorder un prêt à taux fixe pour 18 mois à partir de ressources à 3 mois sans prendre le risque de taux, la banque doit intervenir sur le marché à terme des euro-dollars.

Le 15 mars, le taux sur le marché au comptant et les cours sur le marché des contrats à terme sont reproduits au tableau 29.

A partir de ce taux et de ces cours – et en supposant qu'ils demeurent stables pendant la période durant laquelle l'exportateur et la banque déterminent les conditions financières de l'emprunt – la banque calcule qu'elle peut accorder à son client un prêt à partir de ressources ayant pour elle un coût de 13,25 %. Ce taux est obtenu en faisant la moyenne des taux au comptant et des taux implicites qui se dégagent du marché à terme [1]. Si la banque exige un *spread* de 0,50 %, le coût de l'emprunt pour l'exportateur sera égal à 13,75 %. Si l'emprunteur accepte ce taux de 13,75 %, le banquier doit immédiatement se couvrir en opérant sur le marché au comptant et le marché des contrats.

Dans un premier temps, il emprunte 15 millions de dollars pour trois mois sur le marché au comptant à un taux de 12,50 % et vend 15 contrats euro-dollar pour

TABLEAU 29

Taux sur le marché au comptant et sur le marché des contrats

	Cours des contrats	**Taux d'intérêt sur le marché au comptant et taux d'intérêt implicite sur le marché des contrats**
Marché au comptant à 3 mois		12,50 %
Marché à terme pour l'échéance		
juin	87-15	12,85 %
septembre	86-83	13,17 %
décembre	86-58	13,42 %
mars	86-35	13,65 %
juin	86-04	13,96 %

1. $\frac{12,50\,\% + 12,85\,\% + 13,17\,\% + 13,42\,\% + 13,65\,\% + 13,96\,\%}{6} = 13,25\,\%.$

l'échéance juin à un cours de 87-15, 15 contrats pour l'échéance septembre à un cours de 86-83, 15 contrats pour l'échéance décembre à un cours de 86-58, 15 contrats pour l'échéance mars de l'année suivante à un cours de 86-35 et 15 contrats pour l'échéance juin de l'année suivante à un cours de 86-04 (tableau 30). Les six transactions effectuées, le banquier est assuré d'avoir des ressources sur 18 mois au taux moyen de 13,25 % – sous réserve qu'il y ait identité à chaque échéance entre les taux du marché au comptant et ceux du marché des contrats.

Les 15 millions de dollars empruntés sur le marché au comptant sont immédiatement prêtés à l'exportateur pour une durée de trois mois.

Le 15 juin le banquier renouvelle son emprunt à trois mois sur le marché au comptant des euro-dollars, car il s'est engagé à financer l'exportateur pour une durée de 18 mois et il lui reste à assurer le financement pour les 15 prochains mois. Il compense simultanément sa position sur le marché à terme en achetant 15 contrats pour l'échéance juin (tableau 30).

Si le 15 juin le taux sur le marché au comptant est égal à 14,50 %, le banquier enregistre bien évidemment une perte sur le marché au comptant : il prête à 13,75 % des ressources qu'il se procure à 14,50 % (dans le 13,75 % est inclus un *spread* de 0,50 %), mais cette perte est compensée par un gain sur le marché des contrats. Dans l'exemple retenu – il en est de même pour les autres échéances – il est supposé, afin de faciliter les calculs, que le taux au comptant est identique au taux sur le marché des contrats. Nous savons que tel n'est pas nécessairement le cas dans la réalité.

Le 15 septembre, le banquier renouvelle ses transactions. Il emprunte 15 millions de dollars à 3 mois sur le marché au comptant à un taux que nous supposons être égal à 10,20 % et il achète simultanément 15 contrats euro-dollar pour l'échéance septembre au prix de 89-90. Il réalise un gain sur le marché au comptant qui est cette fois compensé par une perte sur le marché des contrats. Bien évidemment, confronté à une évolution favorable des taux sur le marché au comptant, le banquier ayant une gestion un tant soit peu dynamique aura naturellement tendance à compenser sa position sur le marché des contrats avant le 15 septembre. Dès que la baisse des taux lui semble être une indiscutable réalité (supposons que ce soit

TABLEAU 30

Gestion bancaire et protection contre le risque de taux

Opérations sur le marché de l'euro-dollar	**Opérations sur le marché des contrats**
15 mars La banque prête à l'exportateur 15 millions de dollars sur 18 mois à taux d'intérêt fixe de 13,75 %. La banque emprunte 15 millions de dollars à 3 mois à 12,50 % sur le marché des euro-devises pour les prêter à l'exportateur.	*15 mars* La banque vend : • 15 contrats ED pour l'échéance jun à 87-15 ; • 15 contrats ED pour l'échéance septembre à 86-83 ; • 15 contrats ED pour l'échéance décembre à 86-58 ; • 15 contrats ED pour l'échéance mars à 86-35 ; • 15 contrats ED pour l'échéance juin à 86-04.
15 juin La banque emprunte 15 millions de dollars à 3 mois à 14,50 % sur le marché des euro-devises pour les prêter à l'exportateur.	*15 juin* La banque achète 15 contrats ED pour l'échéance juin à 85-50.
15 septembre La banque emprunte 15 millions de dollars à 3 mois à 10,20 % sur le marché des euro-devises pour les prêter à l'exportateur.	*15 septembre* La banque achète 15 contrats ED pour l'échéance septembre à 89-80.
15 décembre La banque emprunte 15 millions de dollars à 3 mois à 12,80 % sur le marché des euro-devises pour les prêter à l'exportateur.	*15 décembre* La banque achète 15 contrats ED pour l'échéance décembre à 87-20.
15 mars La banque emprunte 15 millions de dollars à 3 mois à 14,90 % sur le marché des euro-devises pour les prêter à l'exportateur.	*15 mars* La banque achète 15 contrats ED pour l'échéance mars à 85-10.
15 juin La banque emprunte 15 millions de dollars à 3 mois à 17,50 % sur le marché des euro-devises pour les prêter à l'exportateur.	*15 juin* La banque achète 15 contrats ED pour l'échéance juin à 82-50.

le12 juillet), il achète 15 contrats euro-dollar pour l'échéance septembre à un cours supposé égal à 86-15. Il réalise ce faisant un gain de [(89-80) – (86-15)] x 2 500 x 15, soit 136 875 dollars. Il faut cependant être bien conscient qu'en liquidant sa position sur le marché des contrats, le banquier adopte un comportement de spéculation.

Des transactions de même nature et identiques à celles réalisées le 15 juin et le 15 septembre vont être entreprises le 15 décembre, le 15 mars et le 15 juin de l'année suivante, comme le révèle le tableau 30.

Au total, le coût des ressources, dans le cadre des hypothèses simplificatrices retenues dans cet exemple, est celui qui avait été déterminé au départ, soit 13,25 %.

En intervenant sur le marché à terme, la banque se procure des ressources pour 18 mois à taux d'intérêt fixe alors qu'elle ne peut obtenir sur le marché au comptant que des ressources renouvelables de trois mois en trois mois à taux d'intérêt flottant.

Cet exemple montre clairement que les marchés à terme sont de la plus grande utilité pour les banques qui ont le plus de difficultés à se procurer du dollar. Les banques non-américaines de taille moyenne sont donc théoriquement celles qui devraient recourir le plus souvent aux marchés à terme de taux d'intérêt. L'utilité de ces marchés se manifeste également au niveau du coût, de la création de ressources et du risque.

• Sur le marché au comptant, il existe un cours acheteur et un cours vendeur. Sur le marché des contrats il n'existe qu'un seul cours : celui qui est effectivement coté sur le marché. Cette modalité de cotation est souvent moins coûteuse – même après la prise en compte des commissions – que celle retenue sur le marché au comptant. Par ailleurs ce cours est à un moment donné le même pour tout le monde, que l'opérateur soit la meilleure banque américaine ou la plus risquée des banques d'un pays en cessation de paiement.

• L'opération de couverture contre le risque de taux se ramène finalement à un processus de création de ressources à taux d'intérêt fixe dont le niveau est déterminé au moment où l'opération est initiée.

• Sur le marché au comptant, les opérateurs sont exposés à un risque commercial ou de contrepartie qui est celui du co-contractant. Ce risque n'est pas nécessairement nul. En opérant sur le marché à terme, les risques du prêteur et de l'emprunteur sont ceux de la chambre de compensation. Ce risque est probablement le meilleur de tout le système financier américain, tout du moins si l'on considère les chambres de compensation de Chicago.

L'opération de couverture contre le risque de taux d'intérêt qui vient d'être présentée est connue dans le cadre des marchés financiers sous le nom de *strip*. Elle est très utilisée par les institutions financières qui interviennent dans le marché des swaps. Une banque qui verse des taux flottants et reçoit un taux fixe se couvre en vendant des contrats à terme sur le marché des euro-dollars. Une banque qui reçoit un taux flottant et verse un taux fixe se couvre en achetant des contrats à terme sur le marché des euro-dollars.

L'ampleur du marché des swaps, en particulier dans sa composante dollar, explique que de nombreuses institutions financières interviennent sur le marché des contrats euro-dollar pour se couvrir contre le risque de taux d'intérêt. Afin de faciliter ces opérations de couverture, les responsables du Chicago Mercantile Exchange ont progressivement allongé l'échéance des contrats susceptibles d'être négociés. De quatre en 1981, le nombre d'échéances cotées est progressivement passé à huit, puis à seize. Depuis le 23 juin 1992, vingt échéances sont cotées simultanément sur le marché des euro-dollars, ce qui veut dire qu'il était possible en mars 1994 d'acheter ou de vendre des contrats à terme de dépôt à 90 jours en eurodollar pour l'échéance mars 1999. Par voie de conséquence, il est possible pour une institution financière de se couvrir contre des risques de taux d'intérêt à trois mois sur des swaps ayant une échéance de 5 ans.

CHAPITRE III

Les principaux marchés de contrats à terme de taux d'intérêt

Les marchés à terme de titres financiers à revenu fixe sont apparus à Chicago, dans les bourses où étaient déjà négociés des contrats de matières premières. Le succès qu'ils ont rencontré aux Etats-Unis leur a permis d'essaimer sur toutes les autres places financières internationales.

1. Le développement des marchés à terme de taux d'intérêt aux Etats-Unis

Depuis l'ouverture du premier marché le 20 octobre 1975, près de 50 contrats de titres financiers à revenu fixe ont été introduits aux Etats-Unis (tableau 31). Beaucoup parmi eux se sont soldés par un échec. Seuls, quelques marchés fonctionnent aujourd'hui de manière satisfaisante (tableau 32).

Les tentatives initiées par les bourses de commerce américaines ont porté sur tous les types de titres financiers susceptibles de servir de support à des contrats à terme : billets de trésorerie, certificats de dépôt, titres publics, titres hypothécaires, dépôts en euro-dollar, obligations municipales. Ce sont les contrats reposant sur des signatures publiques qui obtiennent les meilleurs résultats.

Toutes les maturités disponibles sur le marché au comptant ont été utilisées : 30 jours, 90 jours, 1 an, 2 ans, 4 ans, 5 ans, 6 à 10 ans, 12 ans, 15 ans et 20 ans. Jusqu'en mai 1982, seuls les marchés à terme portant sur des titres à 90 jours et à 15 ans d'échéance avaient réussi à se développer. Les échéances à moyen terme ne faisaient pas l'objet de transactions à terme. Le Chicago Board of Trade est la première bourse à avoir ouvert avec succès, le 3 mai

TABLEAU 31

Les principaux marchés à terme de taux d'intérêt aux Etats-Unis

Titre financier	Date d'ouverture du marché
Certificats GNMA/CDR	20 octobre 1975
Bons du Trésor à trois mois	6 janvier 1976
Obligations du Trésor américain	22 août 1977
Billets de trésorerie à trois mois	Septembre 1977
Bons du Trésor à un an	Septembre 1978
Certificats GNMA/CD	Septembre 1978
Certificats GNMA/CD	1978
Notes du Trésor à 6 ans	Juin 1979
Billets de trésorerie à un mois	Juin 1979
Notes du Trésor à 4 ans	Juillet 1979
Bons du Trésor à trois mois	Octobre 1979
Obligations du Trésor à 20 ans	Novembre 1979
Certificats GNMA	Novembre 1979
Bons du Trésor à trois mois	Août 1980
Obligations du Trésor à 15 ans	Août 1980
Notes du Trésor à 2 ans	Décembre 1980
Certificats de dépôt domestiques à trois mois	Juillet 1981
Certificats de dépôt domestiques à trois mois	Juillet 1981
Certificats de dépôt domestiques à trois mois	Juillet 1981
Obligations du Trésor américain	18 septembre 1981
Dépôts en euro-dollar à trois mois	9 décembre 1981
Bons du Trésor à trois mois	2 avril 1982
Notes du Trésor à 10 ans	3 mai 1982
Notes du Trésor à 2 ans	Janvier 1983
Certificats GNMA II à 12 ans	Avril 1984
Indice sur les obligations municipales	11 juin 1985
Certificats GNMA à 12 ans, *cash settlement*	Mai 1986
Notes du Trésor à 5 ans	6 mai 1987
Indice d'obligations du secteur privé	Octobre 1987
Indice Moody d'obligations du secteur privé	Octobre 1987
Notes du Trésor à 5 ans	20 mai 1988
Notes du Trésor à 10 ans	Juin 1988
Taux d'intérêt à un mois *(30 days Fed Funds)*	3 octobre 1988
Mortgage Backed 9,5 %	Juin 1989
Notes du Trésor à 2 ans	22 février 1989
Obligations du Trésor à 30 ans	Août 1989
LIBOR euro-dollar à un mois	5 avril 1990
Notes du Trésor à 2 ans	22 juin 1990
Obligations d'Etat japonaises à 10 ans	1990
Mortgage Backed 9 %	1990
Mortgage Backed 8, 5 %	1991
Swap à 3 ans	Juin 1991
Swap à 5 ans	Juin 1991
Note du Trésor à 2 ans, *cash settlement*	Août 1991
Mortgage Backed 8 %	Septembre 1991
Mortgage Backed 7, 5 %	Janvier 1992
Dépôts en euro-dollar à trois mois	21 août 1992
Notes du Trésor à 5 ans	Avril 1993
Dépôts en euro-deutsche mark à trois mois	26 avril 1993

CBOT : Chicago Board of Trade ; CME : Chicago Mercantile Exchange ; ACE : Amex Commodities Exchange ; COMEX : Commodity Exchange ; NYFE : New York Futures Exchange ; MACE : MidAmerica Commodity Exchange ; NYCE : New York Cotton Exchange.

TABLEAU 31

Les principaux marchés à terme de taux d'intérêt aux Etats-Unis

Bourse	Situation du marché
CBOT	Arrêt des transactions en décembre 1987
CME	Marché en activité
CBOT	Marché en activité
CBOT	Arrêt des transactions en 1981
CME	Marché inactif
ACE	Marché inactif
CBOT	Arrêt des transactions en décembre 1981
CBOT	Arrêt des transactions en 1981
CBOT	Marché inactif
ACE	Marché inactif
COMEX	Arrêt des transactions en 1981
ACE	Marché inactif
COMEX	Arrêt des transactions en 1980
NYFE	Arrêt des transactions en 1981
NYFE	Arrêt des transactions en 1983
COMEX	Arrêt des transactions en décembre 1981
NYFE	Arrêt des transactions en 1982
CBOT	Arrêt des transactions en décembre 1982
CME	Arrêt des transactions en 1987
MACE	Marché en activité
CME	Marché en activité
MACE	Marché en activité
CBOT	Marché en activité
CBOT	Arrêt des transactions en 1983
CBOT	Arrêt des transactions en 1984
CBOT	Marché en activité
CBOT	Arrêt des transactions en 1986
NYCE	Marché en activité
CBOT	Arrêt des transactions en mars 1988
COMEX	Arrêt des transactions en décembre 1987
CBOT	Marché en activité
MACE	Marché en activité
CBOT	Marché en activité
CBOT	Arrêt des transactions en 1991
NYCE	Arrêt des transactions en mai 1992
NYFE	Arrêt des transactions en février 1991
CME	Marché en activité
CBOT	Marché en activité
CBOT	Arrêt des transactions en décembre 1990
CBOT	Arrêt des transactions en novembre 1991
CBOT	Arrêt des transactions en décembre 1990
CBOT	Arrêt des transactions en décembre 1991
CBOT	Arrêt des transactions en septembre 1992
CBOT	Arrêt des transactions en septembre 1991
CBOT	Arrêt des transactions en mars 1992
CBOT	Arrêt des transactions en mars 1992
MACE	Marché en activité
MACE	Marché en activité
CME	Marché en activité

TABLEAU 32

L'activité des principaux marchés américains de contrats à terme de taux d'intérêt

	Bourse	Volume du contrat	Volume des transactions en 1993	Montant de la position ouverte le 31.12.1993
Obligations du Trésor américain	CBOT	100 000 dollars	79 428 474	319 724
Notes à 10 ans du Trésor américain	CBOT	100 000 dollars	16 601 258	261 142
Notes à 5 ans du Trésor américain	CBOT	100 000 dollars	8 123 939	198 468
Notes à 2 ans du Trésor américain	CBOT	200 000 dollars	532 203	21 810
Taux d'intérêt à 30 jours	CBOT	5 000 000 dollars	182 319	9 105
Dépôts à 3 mois en euro-dollar	CME	1 000 000 dollars	64 411 394	2 116 982
Bons du Trésor à 3 mois	CME	1 000 000 dollars	1 017 350	33 367
LIBOR à 1 mois	CME	3 000 000 dollars	1 128 321	44 494
Obligations du Trésor américain	MACE	50 000 dollars	1 125 645	7 925
Notes à 5 ans du Trésor américain	NYCE	100 000 dollars	50 200	–
Indice des obligations municipales	CBOT	Indice × 1 000 dollars	1 120 510	24 115
Dépôts en euro-dollar à trois mois	MACE	500 000 dollars	7 229	279

CBOT : Chicago Board of Trade ; CME : Chicago Mercantile Exchange ; MACE : MidAmerica Commodity Exchange ; NYCE : New York Cotton Exchange.
Unité : Nombre de contrats.
Source : Futures Industry Association.

1982, un marché sur des notes du Trésor, avec une échéance comprise entre 6,5 et 10 ans.

Le succès des marchés à terme de taux d'intérêt de Chicago a incité d'autres bourses à tenter leur chance. L'American Stock Exchange et le New York Stock Exchange ont ainsi créé plusieurs marchés par l'intermédiaire de filiales spécialisées dans les marchés à terme financiers. Le Commodity Exchange de New York et le New York Cotton Exchange se sont eux aussi lancés dans le domaine des marchés à terme de taux d'intérêt, mais ces tentatives ont toutes échoué. Le marché était pris, et les bourses de New York n'ont jamais réussi à développer un seul contrat à terme de taux d'intérêt.

De tous les marchés introduits aux Etats-Unis et dans le reste du monde, ceux qui ont rencontré le plus grand succès sont ceux du Chicago Board of Trade et du Chicago Mercantile Exchange.

Le marché des obligations du Trésor est le plus actif de tous les marchés à terme d'instruments financiers (tableau 33). Il doit être considéré comme le modèle de référence sur le plan international.

Le marché des notes du Trésor, ouvert le 3 mai 1982, s'est développé avec difficulté. C'est à partir du second semestre 1984 seulement que les transactions se sont étoffées et que la position de place s'est progressivement constituée pour atteindre une certaine ampleur (tableau 34).

Le marché à terme des dépôts en euro-dollar a lui aussi enregistré une très forte progression de son activité depuis son ouverture en 1981, comme en témoigne le tableau 35. Il avait pourtant connu des difficultés à ses débuts, puisque moins de 20 000 contrats ont été négociés durant chacun des six premiers mois.

TABLEAU 33

Volume des transactions et montant de la position ouverte sur le marché des contrats à terme de titres obligataires du Trésor américain du Chicago Board of Trade

Année	Volume des transactions	Montant de la position ouverte
1977	32 101	
1978	555 350	41 200
1979	2 059 594	90 700
1980	6 489 555	243 600
1981	13 907 988	221 700
1982	16 739 695	182 900
1983	19 559 535	183 700
1984	29 963 280	202 488
1985	40 448 357	300 571
1986	52 598 811	229 286
1987	66 841 474	262 326
1988	70 307 872	361 658
1989	70 303 195	285 650
1990	75 499 257	218 502
1991	67 887 497	288 075
1992	70 004 799	304 740
1993	79 428 474	319 724

Unité : Nombre de contrats.
Sources : Futures Industry Association et Chicago Board of Trade.

TABLEAU 34

Volume des transactions et montant de la position ouverte sur le marché des contrats à terme de notes à 10 ans du Trésor américain du Chicago Board of Trade

Année	Volume des transactions	Montant de la position ouverte
1982	881 325	5 623
1983	814 505	14 152
1984	1 661 862	36 000
1985	2 860 432	70 495
1986	4 426 476	53 693
1987	5 253 791	76 156
1988	5 200 949	67 939
1989	6 109 518	69 973
1990	6 054 222	70 978
1991	6 341 432	101 394
1992	11 217 964	176 644
1993	16 601 258	261 142

Unité : Nombre de contrats.
Sources : Futures Industry Association et Chicago Board of Trade.

TABLEAU 35

Volume des transactions et montant de la position ouverte sur le marché des dépôts à trois mois en euro-dollar du Chicago Mercantile Exchange

Année	Volume des transactions	Montant de la position ouverte
1981	15 171	1 461
1982	323 619	18 012
1983	891 066	ND
1984	4 192 952	85 128
1985	8 900 528	121 537
1986	10 824 914	214 401
1987	20 416 216	292 326
1988	21 705 223	528 913
1989	40 818 269	610 473
1990	34 695 625	599 602
1991	37 244 223	1 023 155
1992	60 531 066	1 325 487
1993	64 411 394	2 116 982

Unité : Nombre de contrats.
Sources : Futures Industry Association et Chicago Mercantile Exchange.

2. Le développement des marchés à terme de taux d'intérêt en dehors des Etats-Unis

Londres, grâce à l'ouverture le 30 septembre 1982 du London International Financial Futures Exchange, fut la première place financière européenne sur laquelle furent introduits des contrats à terme de taux d'intérêt. De nombreux contrats libellés en livre sterling et dans les principales devises internationales : deutsche mark, lire, dollar américain, yen, écu, franc suisse, peseta furent introduits avec succès. Par la suite, d'autres marchés furent ouverts à Paris par le Marché à Terme International de France en février 1986, à Dublin par l'Irish Futures and Options Exchange en mai 1989, à Amsterdam par le Financial Futures Market en juin 1989, à Copenhague par le Copenhagen Stock Exchange and Guarantee Fund for Danish Options and Futures en septembre 1989, à Barcelone par le Mercado de Opciones Y Futuros Financieros Renta Fija en mars 1990, en Suisse par le Swiss Options and Futures Exchange en novembre 1990, à Francfort par la Deutsche Terminbörse en novembre 1990, en Suède par le Stockholm Options Exchange en janvier 1991, à Bruxelles par le Belgian Futures and Options Exchange en décembre 1991, en Italie par le Mercato Italiano Futures en septembre 1992, à Oslo par l'Oslo Stock Exchange en juin 1993 et à Vienne par l'Austrian Futures and Options Exchange en juillet 1993 (tableau 36). Appréhendés par le volume des transactions et le montant de la position ouverte, les résultats obtenus sont excellents et pratiquement toujours supérieurs à ceux qui avaient été espérés par les promoteurs de ces différents marchés.

En fait, ce ne sont pas les places financières européennes qui ont les premières, après les Etats-Unis, introduit des contrats à terme de taux d'intérêt. L'innovation dans ce domaine fut réalisée par le Sydney Futures Exchange en octobre 1979 (tableau 37). Par la suite, de nombreux autres marchés furent ouverts en Asie du sud-est par le Singapore International Monetary Exchange en septembre 1984, par le Tokyo Stock Exchange en octobre 1985, par le Tokyo International Financial Futures Exchange en juin 1989 et par le New Zealand Futures and Options Exchange en décembre 1986. Des marchés à terme de taux d'intérêt furent également ouverts à Toronto en 1980, à Montréal en avril 1988, à Rio de Janeiro en 1985 et à Sao Paulo en 1986.

TABLEAU 36

Les principaux marchés à terme de taux d'intérêt en Europe

Titre financier	Date d'ouverture du marché	Bourse	Volume du contrat
Dépôt à trois mois en euro-dollar	30 sept. 1982	LIFFE	1 000 000 USD
Dépôt à trois mois en sterling	4 nov. 1982	LIFFE	500 000 GBP
Obligations du Trésor britannique	18 nov. 1982	LIFFE	50 000 GBP
Obligations du Trésor japonais	13 juil. 1987	LIFFE	100 000 000 JPY
Obligations d'Etat allemandes	29 sept. 1988	LIFFE	250 000 DEM
Dépôt à trois mois en euro-deutsche mark	20 avril 1989	LIFFE	1 000 000 DEM
Dépôt à trois mois en écu	26 oct. 1989	LIFFE	1 000 000 XEU
Dépôt à trois mois en franc suisse	7 fév. 1991	LIFFE	1 000 000 CHF
Obligations d'Etat italiennes à 10 ans	19 sept. 1991	LIFFE	200 000 000 ITL
Dépôt à trois mois en euro-lire	12 mai 1992	LIFFE	1 000 000 000 ITL
Obligations à 10 ans du Trésor français	20 fév. 1986	MATIF	500 000 FRF
PIBOR à trois mois	8 sept. 1988	MATIF	5 000 000 FRF
Obligations en écu	18 oct. 1990	MATIF	100 000 XEU
Obligations à moyen terme du Trésor français	17 juin 1993	MATIF	500 000 FRF
Obligations à 15 ans du Trésor français	28 janv. 1993	MATIF	500 000 FRF
Obligations du gouvernement allemand	23 nov. 1990	DTB	250 000 DEM
Obligations à moyen terme du gouvernement allemand	4 oct. 1991	DTB	250 000 DEM
DIDOR à trois mois	29 mai 1989	IFOX	500 000 IEP
Obligations à long terme du Trésor irlandais	29 mai 1989	IFOX	50 000 IEP
MIBOR à trois mois	22 oct. 1990	MEFF	10 000 000 PTA
Obligations publiques à dix ans	10 avril 1992	MEFF	10 000 000 PTA
MIBOR à un an	1er oct. 1993	MEFF	10 000 000 PTA
Obligations de la Confédération helvétique	29 mai 1992	SOFFEX	100 000 CHF
Obligations d'Etat belges	6 déc. 1991	BELFOX	2 500 000 BEF
BIBOR à trois mois	21 août 1992	BELFOX	25 000 000 BEF
Obligations du Trésor autrichien	9 juil. 1993	AFOX	1 000 000 ATS
Obligations du Trésor néerlandais	8 juin 1989	FFMA	250 000 NLG
Obligations du Trésor danois	22 sept. 1989	FUTOP	1 000 000 DKK
CIBOR à trois mois	22 sept. 1993	FUTOP	5 000 000 DKK
Obligations d'Etat italiennes à 10 ans	Sept. 1992	MIF	250 000 000 ITL
Obligations d'Etat italiennes à 5 ans	Janv. 1993	MIF	250 000 000 ITL
Obligations d'Etat suédoises	28 oct. 1990	OM	1 000 000 SEK
Obligations d'Etat norvégiennes à 10 ans	Juin 1993	OSE	1 000 000 NOK

LIFFE : London International Financial Futures and Options Exchange ; MATIF : Marché à Terme International de France ; DTB : Deutsche Terminbörse ; IFOX : Irish Futures and Options Exchange ; MEFF : Mercado de Opciones Y Futuros Financieros Renta Fija ; SOFFEX : Swiss Options and Financial Futures Exchange ; BELFOX : Belgian Futures and Options Exchange ; AFOX : Austrian Futures and Options Exchange ; FFMA : Financial Futures Market Amsterdam, FUTOP : Copenhagen Stock Exchange and Guarantee Fund for Danish Options and Futures ; MIF : Mercato Italiano Futures ; OM : Stockholm Options Market ; OSE : Oslo Stock Exchange.

TABLEAU 37
Les principaux marchés à terme de taux d'intérêt dans le reste du monde

Titre financier	Date d'ouverture du marché	Bourse	Volume du contrat
Titres privés à 90 jours acceptés par une banque	17 oct.1979	SFE	500 000 AUD
Obligations du Trésor australien à 10 ans	5 déc. 1984	SFE	100 000 AUD
Obligations du Trésor australien à 3 ans	17 mai 1988	SFE	100 000 AUD
Acceptations bancaires à trois mois	22 avril 1988	BM	1 000 000 CAD
Acceptations bancaires à un mois	16 avril 1992	BM	3 000 000 CAD
Obligations d'Etat canadiennes	15 sept. 1989	BM	100 000 CAD
Obligations d'Etat néo-zélandaises à 3 ans	Sept. 1989	NZFE	100 000 NZD
Obligations d'Etat néo-zélandaises à 10 ans	7 juin 1991	NZFE	100 000 NZD
Traites à 90 jours acceptées par une banque	2 déc. 1986	NZFE	500 000 NZD
Dépôt à trois mois en euro-dollar	7 sept. 1984	SIMEX	1 000 000 USD
Dépôt à trois mois en euro-yen	27 oct. 1989	SIMEX	100 000 000 JPY
Dépôt à trois mois en euro-deutsche mark	20 sept. 1990	SIMEX	1 000 000 DEM
Dépôt à trois mois en euro-yen	30 juin 1989	TIFFE	100 000 000 JPY
Obligations d'Etat japonaises à 10 ans	19 oct. 1985	BVT	100 000 000 JPY
Obligations d'Etat japonaises à 20 ans	8 juil. 1988	BVT	100 000 000 JPY
Obligations du Trésor américain	1er déc. 1989	BVT	100 000 USD

SFE : Sydney Futures Exchange ; BM : Bourse de Montréal ; NZFE : New Zealand Futures and Options Exchange ; SIMEX : Singapore International Monetary Exchange ; HKFE : Hong Kong Futures Exchange ; TIFFE : Tokyo International Financial Futures Exchange ; BVT : Bourse des valeurs de Tokyo.

Si les transactions recensées par les chambres de compensation sont très importantes, il ne faudrait pas en déduire pour autant que les bourses n'ont connu que des succès. Les tableaux 38 et 39 révèlent en effet que de nombreux échecs furent enregistrés par les responsables des bourses, que ce soit en Europe ou en Asie du sud-est.

Le tableau 40 reproduit le volume des transactions pour l'année 1993 et le montant de la position ouverte au 31 décembre 1993 pour les principaux marchés de taux d'intérêt à long terme et à moyen terme localisés sur des bourses non américaines. Les tableaux 41 à 48 fournissent des informations de même nature sur une base historique pour les plus importants de ces marchés.

TABLEAU 38

Les échecs enregistrés par les bourses européennes

Titre financier	Date d'ouverture du marché	Bourse	Situation du marché
Obligations du Trésor américain	21 juin 1984	LIFFE	Arrêt des transactions en 1993
Obligations à court terme du Trésor britannique	10 sept. 1985	LIFFE	Arrêt des transactions en 1987
Obligations à moyen terme du Trésor britannique	7 janv. 1988	LIFFE	Arrêt des transactions en juin 1989
Obligations en écu	Mars 1991	LIFFE	Arrêt des transactions en juin 1992
Obligations d'Etat espagnoles	10 mars 1992	LIFFE	Arrêt des transactions en août 1993
Bons du Trésor français à trois mois	25 juin 1986	MATIF	Arrêt des transactions en décembre 1988
Dépôt à trois mois en euro-deutsche mark	9 mai 1989	MATIF	Arrêt des transactions en mars 1991
Obligations d'Etat italiennes à 10 ans	Sept. 1991	MATIF	Arrêt des transactions en mars 1992
Obligations d'Etat espagnoles à 5 ans	Avril 1991	MEFF	Arrêt des transactions en juin 1992
Dépôt à trois mois en franc suisse	Mars 1991	SOFFEX	Arrêt des transactions en 1993
Taux d'intérêt à 5 ans en franc suisse	3 oct. 1991	SOFFEX	Arrêt des transactions en 1993

LIFFE : London International Financial Futures and Options Exchange ; MATIF : Marché à Terme International de France ; MEFF : Mercado de Opciones Y Futures Financieros Renta Fija ; SOFFEX : Swiss Options and Financial Futures Exchange.

TABLEAU 39

Les échecs enregistrés par les bourses de l'Asie du Sud Est

Titre financier	Date d'ouverture du marché	Bourse	Situation du marché
Obligations du Trésor américain	8 oct. 1986	SIMEX	Arrêt des transactions en septembre 1987
HIBOR à trois mois	Fév. 1990	HKFE	Arrêt des transactions en octobre 1992
Dépôt à trois mois en euro-dollar	30 juin 1989	TIFFE	Arrêt des transactions en septembre 1991
Dépôt à un an en euro-yen	14 juil. 1992	TIFFE	Arrêt des transactions en décembre 1993
Obligations d'Etat néo-zélandaises à 5 ans	Juin 1988	NZFE	Arrêt des transactions en juin 1993

SIMEX : Singapore International Monetary Exchange ; HKFE : Hong-Kong Futures Exchange ; TIFFE : Tokyo International Financial Futures Exchange.

TABLEAU 40

L'activité des principaux marchés de taux d'intérêt à long et à moyen terme en dehors des Etats-Unis

Titre financier	Bourse	Volume des transactions en 1993	Montant de la position ouverte le 31.12.1993
Obligations du Trésor britannique	LIFFE	11 808 998	101 437
Obligations à 10 ans du Trésor australien	SFE	4 781 905	46 467
Obligations à 10 ans du Trésor japonais	BVT	15 162 159	151 542
Obligations à 10 ans du Trésor français	MATIF	36 804 824	148 010
Obligations du Trésor japonais	LIFFE	421 454	–
Obligations du Trésor allemand	LIFFE	20 440 442	132 174
Obligations du Trésor allemand	DTB	7 624 604	97 723
Obligations du gouvernement canadien	BM	895 047	15 789
Obligations à 3 ans du Trésor australien	SFE	6 939 811	64 090
Obligations du Trésor américain	BVT	112 600	2 200
Obligations du gouvernement italien	LIFFE	6 344 233	79 167
Obligations d'Etat belges	BELFOX	584 970	6 578
Obligations à moyen terme du Trésor allemand	DTB	4 533 543	86 941

TABLEAU 40 *(Suite)*

Titre financier	Bourse	Volume des transactions en 1993	Montant de la position ouverte le 31.12.1993
Obligations en écu	MATIF	873 002	12 284
Obligations publiques à 10 ans	MEFF	4 537 765	43 184
Obligations du gouvernement suisse	SOFFEX	270 653	7 818
Obligations du Trésor autrichien	AFOX	43 410	812
Obligations du Trésor néerlandais	FFMA	70 388	877
Obligations à long terme du Trésor danois	FUTOP	391 969	13 701
Obligations à 10 ans du Trésor italien	MIF	2 776 992	20 169
Obligations à 5 ans du Trésor italien	MIF	1 637 256	24 630
Obligations du Trésor suédois	OM	11 343 254	ND

LIFFE : London International Financial Futures and Options Exchange ; SFE : Sydney Futures Exchange ; BM : Bourse de Montréal ; BVT : Bourse des valeurs de Tokyo ; MATIF : Marché à Terme International de France ; DTB : Deutsche Terminbörse ; BELFOX : Belgian Futures and Options Exchange ; MEFF : Mercado de Opciones Y Futuros Financieros Renta Fija ; SOFFEX : Swiss Options and Financial Futures Exchange ; AFOX : Austrian Futures and Options Exchange ; FFMA : Financial Futures Market Amsterdam ; FUTOP : Copenhagen Stock Exchange and Guarantee Fund for Danish Options and Futures ; MIF : Mercato Italiano Futures ; OM : Stockholm Options Market.

Unité : Nombre de contrats.
Source : Futures Industry Association.

TABLEAU 41

Volume des transactions et montant de la position ouverte sur le marché des contrats à terme de l'emprunt notionnel du MATIF

Année	Volume des transactions	Montant de la position ouverte
1986	1 663 453	74 289
1987	11 910 234	80 807
1988	12 357 168	84 965
1989	15 004 901	70 282
1990	15 996 096	71 805
1991	21 087 899	118 055
1992	31 082 844	231 155
1993	36 804 824	148 010

Unité : Nombre de contrats.
Sources : Futures Industry Association et Marché à Terme International de France.

TABLEAU 42

Volume des transactions et montant de la position ouverte sur le marché des contrats à terme des obligations en écu du MATIF

Année	Volume des transactions	Montant de la position ouverte
1990	56 292	1 075
1991	546 273	5 026
1992	1 354 012	12 189
1993	873 002	12 284

Unité : Nombre de contrats.
Sources : Futures Industry Association et Marché à Terme International de France.

TABLEAU 43

Volume des transactions et montant de la position ouverte sur le marché des contrats à terme sur les obligations du Trésor britannique du LIFFE

Année	Volume des transactions	Montant de la position ouverte
1982	28 091	
1983	526 215	
1984	777 722	
1985	687 216	
1986	2 655 209	
1987	7 035 729	
1988	5 586 753	26 084
1989	4 062 472	31 049
1990	5 643 247	24 349
1991	5 639 081	ND
1992	8 804 639	53 752
1993	11 808 998	101 437

Unité : Nombre de contrats.
Sources : Futures Industry Association et London International Financial Futures and Options Exchange.

TABLEAU 44

Volume des transactions et montant de la position ouverte sur les marchés de contrats à terme sur les obligations du Trésor allemand du LIFFE et de la DTB

Année	LIFFE		DTB	
	Volume des transactions	Montant de la position ouverte	Volume des transactions	Montant de la position ouverte
1988	315 224	10 178	–	–
1989	5 330 028	28 716	–	–
1990	9 581 516	75 909	59 665	6 021
1991	10 112 305	93 821	2 282 896	28 639
1992	13 604 523	139 443	5 327 846	33 879
1993	20 440 442	132 174	7 624 604	97 723

Unité : Nombre de contrats

Sources : Futures Industry Association, London International Financial Futures and Options Exchange et Deutsche Terminbörse.

TABLEAU 45

Volume des transactions et montant de la position ouverte sur le marché des contrats à terme sur les obligations du gouvernement italien du LIFFE

Année	Volume des transactions	Montant de la position ouverte
1991	483 447	15 419
1992	3 773 105	19 892
1993	6 344 233	79 167

Unité : Nombre de contrats.

Sources : Futures Industry Association et London International Financial Futures and Options Exchange.

TABLEAU 46

Volume des transactions et montant de la position ouverte sur le marché des contrats à terme des obligations à 10 ans du Trésor australien du SFE

Année	Volume des transactions	Montant de la position ouverte
1984	1 917	ND
1985	254 647	6 736
1986	1 430 914	13 989
1987	2 098 246	15 471
1988	2 957 015	25 578
1989	3 219 401	37 650
1990	3 173 826	20 826
1991	3 598 072	32 131
1992	4 253 373	31 169
1993	4 781 905	46 467

Unité : Nombre de contrats.

Sources : Futures Industry Association et Sydney Futures Exchange.

TABLEAU 47

Volume des transactions et montant de la position ouverte sur le marché des contrats à terme des obligations à 3 ans du Trésor australien du SFE

Année	Volume des transactions	Montant de la position ouverte
1988	534 559	19 788
1989	966 666	15 614
1990	1 607 748	25 297
1991	2 119 469	32 535
1992	5 434 796	40 483
1993	6 939 811	64 090

Unité : Nombre de contrats.
Sources : Futures Industry Association et Sydney Futures Exchange.

TABLEAU 48

Volume des transactions et montant de la position ouverte sur le marché des contrats à terme des obligations du Trésor japonais du Tokyo Stock Exchange

Année	Volume des transactions	Montant de la position ouverte
1985	452 553	17 837
1986	9 395 829	101 055
1987	18 261 634	129 407
1988	18 719 772	124 766
1989	18 941 890	182 517
1990	16 306 571	150 910
1991	12 822 430	152 699
1992	11 868 414	132 153
1993	15 162 159	151 542

Unité : Nombre de contrats.
Sources : Futures Industry Association et Tokyo Stock Exchange.

Le tableau 49 reproduit le volume des transactions pour l'année 1993 et le montant de la position ouverte au 31 décembre 1993 pour les principaux marchés de taux d'intérêt à court terme localisés sur des bourses non américaines. Les tableaux 50 à 57 fournissent des informations de même nature sur une base historique pour les plus importants de ces marchés.

TABLEAU 49

L'activité des principaux marchés à terme non américains de taux d'intérêt à court terme

Titre financier	Bourse	Volume des transactions en 1993	Montant de la postion ouverte le 31.12.1993
Dépôts en euro-dollar à 90 jours	LIFFE	244 728	8 213
Dépôts en euro-dollar à 90 jours	SIMEX	5 535 806	53 366
Dépôts en livre sterling à 90 jours	LIFFE	12 135 981	377 316
Titres privés à 90 jours acceptés par une banque	SFE	6 415 394	253 210
Dépôts en euro-deutsche mark à 90 jours	LIFFE	21 318 942	727 155
Dépôts en franc à 90 jours	MATIF	11 863 798	263 808
Dépôts en euro-yen à 90 jours	TIFFE	23 386 958	1 005 426
Dépôts en écu à 90 jours	LIFFE	720 788	31 707
Dépôts en franc suisse à 90 jours	LIFFE	1 846 376	51 579
Dépôts en euro-lire à 90 jours	LIFFE	1 479 012	99 484
BIBOR à 90 jours	BELFOX	190 936	9 162
DIDOR à 90 jours	IFOX	19 095	830
MIBOR à 90 jours	MEFF	2 319 132	129 488
Acceptations bancaires à 3 mois	BM	724 158	49 882
Acceptations bancaires à 1 mois	BM	24 552	1 312
Traites à 90 jours acceptées par une banque	NZFE	463 141	14 856
Dépôts en euro-yen à 90 jours	SIMEX	3 532 998	202 657
CIBOR 3 mois	FUTOP	34 727	4 682
Dépôts à 3 mois en euro-deutsche mark	SIMEX	23 127	575

SFE : Sydney Futures Exchange ; MATIF : Marché à Terme International de France ; LIFFE : London International Financial Futures and Options Exchange ; SIMEX : Singapore International Monetary Exchange ; TIFFE : Tokyo International Financial Futures Exchange ; BELFOX : Belgian Futures and Options Echange ; IFOX : Irish Futures and Options Exchange ; MEFF : Mercado de Futuros Financieros Renta Fija ; NZFE : New Zealand Futures Exchange ; BM : Bourse de Montréal ; FUTOP : Copenhagen Stock Exchange and Guarantee Fund for Danish Options and Futures.

Unité : Nombre de contrats.

Source : Futures Industry Association.

TABLEAU 50

Volume des transactions et montant de la position ouverte sur le marché à terme du contrat PIBOR trois mois du MATIF

Année	Volume des transactions	Montant de la position ouverte
1988	452 374	19 018
1989	2 296 359	14 343
1990	1 900 851	23 864
1991	3 000 111	47 484
1992	6 436 765	145 884
1993	11 863 798	263 808

Unité : Nombre de contrats.
Sources : Futures Industry Association et Marché à Terme International de France.

TABLEAU 51

Volume des transactions et montant de la position ouverte sur le marché à terme des dépôts en livre sterling à 90 jours du LIFFE

Année	Volume des transactions	Montant de la position ouverte
1984	37 297	
1985	495 840	
1986	966 677	
1987	1 495 756	
1988	3 537 950	
1989	7 131 345	110 022
1990	8 354 922	119 636
1991	8 064 449	149 365
1992	11 296 327	211 626
1993	12 135 981	377 316

Unité : Nombre de contrats.
Sources : Futures Industry Association et London International Financial Futures and Options Exchange.

TABLEAU 52

Volume des transactions et montant de la position ouverte sur le marché à terme des dépôts à 90 jours en euro-deutsche mark du LIFFE

Année	Volume des transactions	Montant de la position ouverte
1989	951 634	21 086
1990	2 659 641	69 656
1991	4 783 649	166 094
1992	12 173 431	369 878
1993	21 318 942	727 155

Unité : Nombre de contrats.
Sources : Futures Industry Association et London International Financial Futures and Options Exchange.

TABLEAU 53

Volume des transactions et montant de la position ouverte sur le marché à terme des dépôts en écu à 90 jours du LIFFE

Année	Volume des transactions	Montant de la position ouverte
1989	15 884	940
1990	64 242	1 128
1991	114 810	47 589
1992	316 781	10 349
1993	720 788	31 707

Unité : Nombre de contrats.
Sources : Futures Industry Association et London International Financial Futures and Options Exchange.

TABLEAU 54

Volume des transactions et montant de la position ouverte sur les marchés de contrats à terme des dépôts en euro-dollar à 90 jours du LIFFE et du SIMEX

Année	LIFFE		SIMEX	
	Volume des transactions	Montant de la position ouverte	Volume des transactions	Montant de la position ouverte
1982	123 384		–	
1983	458 589		–	
1984	1 027 269		33 589	
1985	1 293 028		294 760	
1986	1 125 113		459 847	
1988	1 647 507		1 881 132	
1989	2 063 606	29 425	3 862 413	30 650
1990	1 248 693	31 264	3 469 009	31 738
1991	993 753	32 506	3 432 820	44 846
1992	709 305	18 668	5 617 972	45 385
1993	244 728	8 213	5 535 806	53 366

Unité : Nombre de contrats.
Sources : Futures Industry Association, London International Financial Futures and Options Exchange et Singapore International Monetary Exchange.

TABLEAU 55

Volume des transactions et montant de la position ouverte sur les marchés de contrats à terme de dépôt en franc suisse à 90 jours du LIFFE

Année	LIFFE	
	Volume des transactions	Montant de la position ouverte
1991	547 883	23 580
1992	1 970 438	37 890
1993	1 846 376	51 579

Unité : Nombre de contrats.
Sources : Futures Industry Association, London International Financial Futures and Options Exchange.

TABLEAU 56

Volume des transactions et montant de la position ouverte sur le marché à terme des titres privés à 90 jours garantis par une banque du Sydney Futures Exchange

Année	Volume des transactions	Montant de la position ouverte
1979	2 259	
1980	16 859	
1981	28 031	
1982	159 278	
1983	161 304	
1984	172 607	
1985	599 416	15 744
1986	1 069 754	18 360
1987	2 094 463	29 668
1988	3 013 929	69 954
1989	5 910 562	101 544
1990	5 080 462	133 277
1991	4 651 570	156 280
1992	5 697 786	176 556
1993	6 415 394	253 210

Unité : Nombre de contrats.
Sources : Futures Industry Association et Sydney Futures Exchange.

TABLEAU 57

Volume des transactions et montant de la position ouverte sur les marchés à terme des dépôts en euro-yen à 90 jours du TIFFE et du SIMEX

Année	TIFFE		SIMEX	
	Volume des transactions	Montant de la position ouverte	Volume des transactions	Montant de la position ouverte
1989	4 495 076	149 961	168 788	7 136
1990	14 413 693	309 489	816 043	17 767
1991	14 665 521	252 786	1 491 742	65 893
1992	14 959 373	439 263	2 472 931	99 385
1993	23 386 958	1 005 426	3 532 998	202 657

Unité : Nombre de contrats.
Sources : Futures Industry Association, Tokyo International Financial Futures Exchange et Singapore International Monetary Exchange.

CONCLUSION

Les marchés à terme de taux d'intérêt ont connu un développement tout à fait exceptionnel, aux Etats-Unis et sur l'ensemble des autres places financières internationales.

Et pourtant, entre 1975 et 1977, il existait un très large scepticisme quant aux potentialités de ces marchés. Le scepticisme n'était certes pas celui de Richard Sandor, l'inventeur, en octobre 1975, du premier marché à terme de taux d'intérêt et le créateur du contrat sur les obligations du Trésor, ni celui de Léo Melamed, le président de la bourse qui avait ouvert le 6 janvier 1976 le premier marché de taux d'intérêt à court terme, mais il était celui de pratiquement tout *l'establishment* financier américain.

La création des contrats à terme de taux d'intérêt reposait sur quatre intuitions.

• Du fait de leur homogénéité, les titres financiers à revenu fixe étaient des instruments parfaitement adaptés aux mécanismes des transactions à terme.

• La volatilité des taux d'intérêt qui était déjà importante depuis 1965 ne pouvait que s'accroître dans un proche avenir consécutivement à la désintégration du système de change fixe de Bretton Woods, au développement de l'inflation induit par la politique économique suivie par les autorités monétaires depuis de nombreuses années, et à l'émergence de la crise économique associée au quadruplement du prix du pétrole décidé en 1973 par les pays producteurs du Moyen Orient.

• Du fait de leur instabilité, les taux d'intérêt allaient devenir un facteur déterminant de la rentabilité des établissements de crédit, des institutions financières, des entreprises industrielles, des collectivités publiques et étatiques, des fonds de pension, des caisses de retraite, des compagnies d'assurance et, de manière plus générale, de tous les investisseurs et émetteurs de titres financiers à revenu fixe.

• Dans la mesure où tout le monde était à un titre ou à un autre concerné par les fluctuations de taux d'intérêt, les opérateurs potentiels sur ces marchés étaient extrêmement nombreux.

Les statistiques rassemblées dans ce livre établissent que ces intuitions étaient justes, car les marchés à terme de taux d'intérêt ont connu, et connaissent toujours, un extraordinaire développement. Ils sont devenus un rouage essentiel de tout système financier, car ils offrent aux différents opérateurs la possibilité de gérer le risque de taux d'intérêt auquel ils sont confrontés. Ils leur permettent de s'en protéger par des opérations de couverture ou d'en tirer profit grâce à des opérations de spéculation ou d'arbitrage.

BIBLIOGRAPHIE

Aftalion F., Poncet P., *Les futures sur taux d'intérêt : le Matif*, Paris, PUF, 1991.

Aftalion F., Poncet P., *Le Matif*, 2e ed., Paris, PUF, 1987.

Association Finance Futures, *Les marchés à terme d'instruments financiers : expériences étrangères et perspectives françaises*, Paris, Economica, 1987.

Baby J., de Menthon Ph., Richard B., Simonnet P., Tarbouriech E., *Le Matif, mode d'emploi*, Paris, Les éditions d'organisation, 1988.

Daigler R.T., *Financial Futures Markets : Concepts, Evidence and Applications*, New York, Harper Collins, 1993.

Duffie D., *Futures Markets*, Englewood Cliffs, Prentice Hall, 1989.

Faye J.F., Guillou J.P., *Le Matif. Pratique d'un marché à terme*, 2e ed. Paris, Dalloz, 1989.

Figlewski S., *Hedging with Financial Futures for Institutional Investors,* Cambridge, Mass., Ballinger, 1985.

Fitzgerald D., *Financial Futures*, London, Euromoney Publications Ltd., 1983.

Gay G., Kolb R.W. (eds), *Interest Rate Futures : Concepts and Issues*, Richmond, Va., Robert F. Dame Inc., 1982.

Hull J.C., *Options, Futures and other Derivative Securities*, 2e ed., Englewood Cliffs, Prentice Hall, 1993.

Jacquillat B., Poncet P., Portait R., *Le Matif : analyse économique et principes de couverture*, Paris, Revue Banque, 1986.

Kolb R.W., *Understanding Futures Markets*, 3e ed, Simon and Schuster, New York, 1991.

Kolb R.W., *Interest Rate Futures : A Comprehensive Introduction*, Richmond, Va., Robert F. Dame Inc., 1982.

Levasseur M., Simon Y., *Marchés de capitaux : options et nouveaux contrats à terme*, Paris, Dalloz, 1980.

Nayer (de) M.C., *Le Matif*, Dalloz, Paris, 1991.

Powers M.J., Vogel, D., *Inside the Financial Futures Markets*, New York, Wiley, 1981.

Rothstein N.H., Littlle J.M. (eds), *The Handbook of Financial Futures*, New York, McGraw-Hill, 1984.

Roure F., *Stratégies financières sur le Matif et le Monep*, Paris, Economica, 1992.

Schwartz E.W., Hill J., Schneeweiss Th., *Financial Futures,* Homewood, Ill. Irwin, 1986.

Siegel D.R., Siegel D.F., *Futures Markets*, Dryden Press, 1990.

QUIZ

1) Quelle est la relation entre le rendement et le prix d'un titre financier à revenu fixe ? (réponse p. 5).
2) Qu'est-ce que le *yield to maturity* ? (réponse p. 6)
3) Qu'est-ce que le risque de taux d'intérêt ? (réponse p. 6).
4) A quelles dates furent introduits les deux premiers contrats à terme sur taux d'intérêt ? (réponse p. 7).
5) Quelles bourses ont introduit les deux premiers contrats à terme de taux d'intérêt ? (réponse p. 7).
6) Quelles sont les caractéristiques du contrat sur les obligations du Trésor américain négocié au Chicago Board of Trade ? (réponse p. 11).
7) Quelles sont les caractéristiques du contrat sur l'emprunt notionnel français négocié au Marché à Terme International de France ? (réponse p. 13).
8) Quelles sont les caractéristiques du contrat sur les obligations en écu négocié sur le Marché à Terme International de France ? (réponse p. 15).
9) Comment sont cotés les contrats de taux d'intérêt à long terme ? (réponse p. 15).
10) Quelle est, exprimée en franc, la valeur d'un contrat à terme sur l'emprunt notionnel qui se négocie 112, 36 au Marché à Terme International de France ? (réponse p. 15).
11) Quelle est, exprimée en dollar, la valeur d'un contrat à terme sur obligations du Trésor américain qui se négocie 92 – 18 au Chicago Board of Trade ? (réponse p. 15).
12) Qu'est-ce que le *tick* ? (réponse p. 16).

13) Quelle est, exprimée en pourcentage et en dollar, la valeur du *tick* pour le contrat à terme sur les obligations du Trésor américain négocié au Chicago Board of Trade ? (réponse p. 16).

14) Quelle est, exprimée en pourcentage et en dollar, la valeur du *tick* pour le contrat sur l'emprunt notionnel négocié au Marché à Terme International de France ? (réponse p. 16).

15) Quelles sont les caractéristiques du contrat à terme portant sur le taux d'intérêt des dépôts à trois mois en euro-dollar négocié au Chicago Mercantile Exchange ? (réponse p. 20).

16) Comment sont cotés les contrats de taux d'intérêt à court terme ? (réponse pp. 21-22).

17) Quelles sont les caractéristiques du contrat à terme sur le taux d'intérêt des dépôts à trois mois en franc négocié au Marché à Terme International de France ? (réponse p. 22).

18) Quelle est, exprimée en pourcentage et en franc, la valeur du *tick* pour le contrat à terme sur le PIBOR à trois mois négocié au Marché à Terme International de France ? (réponse p. 23).

19) Quelle est, exprimée en pourcentage et en dollar, la valeur du *tick* pour le contrat à terme sur les dépôts à trois mois en euro-dollar négocié au Chicago Mercantile Exchange ? (réponse p. 23).

20) Qu'est-ce que le gisement ? (réponse p. 26).

21) Qu'est- ce que le facteur de concordance ? (réponse p. 29).

22) Quelle est la finalité du facteur de concordance ? (réponse pp. 29-30).

23) Comment est déterminé le titre "le moins cher à livrer" ? (réponse pp. 32-33).

24) Comment se ventile la position ouverte d'un contrat à terme selon les échéances ? (réponse p. 33-35).

25) Comment évolue le montant de la position ouverte d'un contrat à terme de taux d'intérêt pendant toute la durée de vie du contrat ? (réponse pp. 36-37).

26) Que doit faire le gérant d'une SICAV obligataire qui veut se protéger contre une hausse des taux d'intérêt ? (réponse p. 40).

27) Que doit faire un opérateur qui anticipe une baisse des taux pour se protéger contre le risque de taux d'intérêt ? (réponse p. 51).

28) Quelles sont les composantes du coût d'une opération de protection contre le risque de taux d'intérêt ? (réponse pp. 53-64).

29) Qu'est-ce que le coût de portage ? (réponse pp. 57-62).

30) Qu'est-ce que le report ? (réponse pp. 57-62).

31) Qu'est-ce que le déport ? (réponse pp. 57-62).

32) Quel est, le 15 mars, le prix d'un contrat à terme d'obligations du Trésor pour l'échéance du 15 juin, sachant que :
– le taux d'intérêt à trois mois est égal à 10 %,
– le taux d'intérêt sur le marché obligataire est égal à 12 %,
– le cours au comptant est égal à 98 (réponse p. 58).

33) Quel est, le 15 mars, le prix d'un contrat à terme d'obligations du Trésor pour l'échéance du 15 juin, sachant que :
– le taux d'intérêt à trois mois est égal à 12 %,
– le taux d'intérêt sur le marché obligataire est égal à 10 %,
– le cours au comptant est égal à 98 (réponse p. 59).

34) Qu'est-ce que le ratio de couverture ? (réponse pp. 65-66).

35) Qu'est-ce que la duration ? (réponse p. 68).

36) Comment définir la volatilité du prix d'un titre financier ? (réponse pp. 69-70).

37) Qu'est-ce qu'une opération de couverture croisée ? (réponse pp. 70-73).

38) Quelles sont les risques associés à une opération de couverture croisée ? (réponse pp. 72-73).

39) Qu'est-ce que qu'un *strip* ? (réponse p. 78).

40) Quels types de titres financiers à revenu fixe ont servi de support à des contrats à terme de taux d'intérêt ? (réponse pp. 80, 87, 88).

41) Quel est le contrat américain de taux d'intérêt à long terme le plus négocié ? (réponse p. 82).

42) Quel est le contrat américain de taux d'intérêt à court terme le plus négocié ? (réponse p. 82).

43) Quelle est la bourse non américaine qui, la première, a introduit à la négociation des contrats à terme de taux d'intérêt ? (réponse p. 86).

44) Quel est le contrat non américain de taux d'intérêt à long terme le plus négocié ? (réponse pp. 90-91).

45) Quel est le contrat non américain de taux d'intérêt à court terme le plus négocié ? (réponse p. 95).

46) La valeur nominale des contrats à terme sur les dépôts à trois mois en franc négociés au Marché à Terme International de France est :

– 10 000 francs [A]

– 100 000 francs [B]

– 500 000 francs [C]

– 1 000 000 francs [D]

– 5 000 000 francs [E]

– 10 000 000 francs [F]

47) Le contrat notionnel sur les obligations du Trésor américain négocié au Chicago Board of Trade a pour valeur nominale :

– 50 000 dollars [A]

– 100 000 dollars [B]

– 200 000 dollars [C]

– 500 000 dollars [D]

48) Le premier contrat à terme de taux d'intérêt négocié au Marché International de France a été ouvert le :

– 10 février 1985 [A]

– 20 février 1986 [B]

– 1er mars 1986 C

– 8 septembre 1988 D

– 18 octobre 1990 E

49) Le 15 mars, sur le marché obligataire, le prix au comptant des titres financiers est égal à 100. Le taux de coupon sur ces obligations est égal à 12 %. A la même date, le taux d'intérêt à trois mois est égal à 10 %.

En fonction de ces seules informations, le cours théorique d'un contrat à terme venant à échéance le 15 juin et ayant pour support les titres négociés sur le marché obligataire devrait être :

– 102-00 A

– 101-50 B

– 101-00 C

– 100-50 D

– 100-00 E

– 99-50 F

– 99-00 G

– 98-50 H

– 98-00 I

50) Le déport est une situation dans laquelle :

– le prix à terme est supérieur au prix au comptant A

– le prix à terme est inférieur au prix au comptant B

– le coût de portage est nul C

51) Le contrat à terme sur les dépôts à trois mois en eurodollar est négocié au :

	OUI	NON
– MidAmerica Commodity Exchange	A1	A2
– Singapore International Monetary Exchange	B1	B2
– New York Futures Exchange	C1	C2
– Chicago Mercantile Exchange	D1	D2
– Tokyo International Financial Futures Exchange	E1	E2
– London International Financial Futures and Options Exchange	F1	F2

Réponses :

– question 46	E
– question 47	B
– question 48	B
– question 49	F
– question 50	B
– question 51	A1, B1, C2, D1, E2, F2

TABLE DES MATIÈRES

Réalisé en P.A.O. par STDI - Route de Couterne - 53110 Lassay-les-Chateaux
Imprimé en France. - JOUVE, 18, rue Saint-Denis, 75001 PARIS
N° 216898Z. - Dépôt légal : Mars 1994